225 GRAMM

FRÄNKISCHE HAUSMACHER KRIMIS

10 KULINARISCHE KURZKRIMIS

DEFTIG · FEIN · GROB

ars vivendi

Originalausgabe

Erste Auflage März 2018
© 2018 by ars vivendi verlag
GmbH & Co. KG, Bauhof 1,
90556 Cadolzburg
Alle Rechte vorbehalten
www.arsvivendi.com

Umschlaggestaltung: FYFF, Nürnberg
Motivauswahl: ars vivendi
Coverfoto: © mauritius images / imageBROKER / Simon Katzer
Foto Rückseite: © mauritius images / imageBROKER / Simon Katzer
Druck: CPI books GmbH, Leck
Gedruckt auf holzfreiem Werkdruckpapier
der Papierfabrik Arctic Paper

Printed in Germany

ISBN 978-3-86913-913-5

Fränkische Hausmacherkrimis

Inhalt

Theobald Fuchs
Der verlorene Sohn

Um es vorneweg und unmissverständlich klarzustellen: Ich kann die Ereignisse hier nur so wiedergeben, wie sie mir geschildert wurden. Der Leser muss also darauf vertrauen, dass das, was mir die sterbende Greisin erzählte, der Wahrheit entsprach, und hoffen, dass auch ich ein unverfälschtes Zeugnis ablege, soweit mir das als fehlerbehaftetem Erdenwurm überhaupt möglich ist. Doch will ich mich nach Kräften bemühen und weder hinzufügen, was nicht dazugehört, noch weglassen, was nicht verschwiegen werden darf. Doch – dass ich überhaupt niederschreibe, was ich weiß, obwohl ich doch zumindest dem Anschein nach dem Beichtgeheimnis unterliege ... ach! Was soll ich da sagen? Man wird am Ende verstehen: Es muss einfach sein.

Es heißt übereinstimmend, dass im Grunde alle mehr als einverstanden waren, als damals der Pürner Heinrich seine Schwägerin heiratete, die Lissi, geborene Elisabeth Solz aus Stöppach, weil ja Lissis erster Mann, Heinrichs Bruder Leonhard, viel zu jung und völlig unerwartet gestorben war und sie alleine zurückgelassen hatte. Verbrannt war der, Mitte der Fünfzigerjahre, als der Schuppen hinter dem Gasthaus *Zum blauen Ochsen* in Flammen aufgegangen war.

Ob es dann allerdings eine gute Idee gewesen war, dass der Heinrich der Lissi ein Kind gemacht hat, obwohl zwei von den vier Großeltern Geschwister gewesen waren, darüber lässt sich streiten. Das Kind jedenfalls war, soweit man das erkennen konnte, zufrieden mit seinem Leben, auch wenn er niemals richtig schreiben oder rechnen lernte, der kleine Erwin Pürner. Selbst mit dem Sprechen tat er sich schwer, aber wie das oft so geht – da kann eines etwas überhaupt nicht, wird dafür aber komplett entschädigt mit einer völlig anderen Gabe. Im Fall vom Erwin mit einer glockenreinen Gesangsstimme und einer Musikalität, dass es kaum zu beschreiben ist. Denn singen konnte der Erwin beliebig viele Lieder auf Anhieb, wenn er sie nur einmal gehört hatte. Bis heute noch kennt er wirklich unzählige Melodien und Texte auswendig und kann dazu auf der Gitarre spielen wie ein amtlicher Zigeunerhäuptling.

Bloß dass es halt nicht vorstellbar war, dass er irgendwann die Gastwirtschaft übernehmen würde, mitsamt der Metzgerei. Die hatte der Leonhard mit unbestreitbar phänomenalem Erfolg betrieben. Jedenfalls bevor er sowohl auf dem Anwesen als auch im Ehebett vom Heinrich abgelöst wurde. Notgedrungen, da doch jemand den Hof und die Gaststätte quasi mitsamt Wirtin übernehmen musste, nachdem sie Leo tot aus den Trümmern gezogen hatten. Tot und – wie es einer der Freiwilligen Feuerwehrler beschrieb, der mitgeholfen hatte, den Leichnam aus dem Brandschutt herauszugraben: »Zusammengehutzelt und schwarz verkohlt wie eine verschmorte Kruste.«

Und einer seiner Kameraden ergänzte: »Bloß wenn die auf einem Schäuferle daherkommen tät, müsst man den Koch aus dem Dorf jagen.«

Rein genetisch betrachtet war da freilich nichts Unersetzliches verloren gegangen. Es spielte nämlich keine Rolle, ob der Pürner Leonhard es hingekriegt hatte, Nachwuchs zu zeugen, oder ob sein Bruder das hatte erledigen müssen. Heinrich und Leonhard waren nicht nur Brüder, nein, sie waren sogar Zwillinge gewesen. Und zwar die uneinigsten eineiigen Zwillinge, die man sich nur vorstellen kann! Erwin, der Sohn, den Heinrich kurze Zeit nach der

Brandkatastrophe zeugte und der seinen Onkel naturgemäß nie kennenlernte, besaß die gleichen strohblonden Haare wie die beiden Brüder, das gleiche runde rotbäckige Gesicht und die gleichen wasserblauen Augen.

Womit es sich dann aber auch schon hatte mit den Gemeinsamkeiten der beiden Brüder, sowohl äußerlich als auch vom Charakter her. Denn der Leonhard hatte von Geburt an ein kurzes Bein, worunter er sehr litt. Früher natürlich ganz ausgesprochen arg, als Kind in der Nazi-Zeit, aber danach nur unwesentlich weniger, weil selbst so viele Jahre nach dem Kriegsende den Leuten das Bild vom teuflischen Dr. Goebbels in Berlin immer noch sehr lebensfrisch vor den Augen stand. Heinrich hingegen war groß und gerade gewachsen und hatte seinerzeit für einen so einwandfreien Arier gegolten, wie er in Himmlers germanischen Phantasmagorien herumstolzierte. Und die Frauenherzen waren ihm zugeflogen, dass es geradezu beängstigend gewesen sei. So sagte man's mir, und ich habe keinen Grund, an der letzten Rede einer Sterbenden zu zweifeln.

Wenn es also nur ums Aussehen gegangen wäre, wäre es vollkommen unverständlich geblieben, dass den Heini ein Hass auf seinen Bruder plagte, wie er nur selten unter Zwillingen vorkommt. Aber das kam von den paar Minuten her, die er länger im Bauch der Mutter verbracht hatte als sein Bruder, der es mit seinem kurzen Bein als Erster ins Licht der Stube schaffte, wo die Hebamme mit einer dampfenden Schüssel heißen Wassers saß und der Pürnerin beistand. Uraltem Brauch und Sitte gehorchend, galt Leo, der Erstgeborene, als Erbe von allem: dem Gasthaus, dem übrigen Anwesen, den Feldern und dem Wald.

Ein Erbe, dessen er sich – entgegen den Erwartungen nicht weniger Nachbarn – als würdig erwies. Denn als er die Wirtschaft vom Vater nach dessen frühem Tod übernahm, packte Leo mit Geschick und Sachverstand an und galt bald weit über das Dorf und die Gemeinde hinaus als der beste Metzger, den die lange Ahnenreihe der Pürners je hervorgebracht hatte. Und weil nur wenige andere Dinge einen so anspornen wie Erfolg, wurde er von Jahr zu Jahr fleißiger und bekannter. Seine Stadtwurst, seine Bratwurst, seine Sülzen und seine Salzknöchle genossen höchstes Ansehen in nah und fern, übertroffen noch von der endemischen Hirnwurst, die sogar im Freizeitführer eines lokalen Ratgeberverlages empfohlen wurde. Doch die absolute Krönung von Leos Kunstfertigkeit war sein Roter Presssack.

»Regelrecht zum Reinlegen« schmeckte der, wie es angeblich der damalige Pfarrer, einer meiner Vorgänger im Amt, einmal auf den Punkt brachte, während er sich zufrieden über den schwarz berockten Wanst strich. Sodass es niemanden sonderlich wundernahm, als Leonhard Pürner im August, als sich die Aufregung über den Arbeiteraufstand drüben in der Ostzone schon wieder gelegt hatte, seine Verlobung mit Lissi bekannt gab, die damals als eine der schönsten unverheirateten Frauen in der ganzen Landgemeinde Treuf galt. Er ehelichte sie im darauffolgenden Jahr 1954 am ersten Tag des Monats Mai in der Dorfkirche. Ein rauschendes Fest schloss sich an, das später vor allem deswegen als legendär galt, weil zum ersten Mal in der Geschichte des Wirtshauses der Bierkeller bis zum letzten Tropfen leer getrunken wurde und kein noch so kleines Zipfelchen Bratwurst übrig blieb. Man hätte wahrscheinlich noch an Weihnachten von dem Hochzeitsgelage gesprochen, wenn nicht im September etwas geschehen wäre, das niemand erwartet hatte.

Und das war noch nicht der Brand gewesen, da werde ich mich hüten, vorzugreifen auf Dinge, die erst später passiert sind! Schließlich habe ich von Anfang an den Vorsatz gefasst, hübsch in der Reihenfolge zu berichten, wie ich es selbst gehört habe.

Um aber verstehen zu können, was da niemand erwartet hatte, muss man wissen, was aus dem Heinrich geworden war, der sich ja praktisch absolut ohne äußerliche Vorgaben auf seinen Lebensweg machte. Man würde sich schwertun, wenn man vor der Aufgabe stünde, aus Heinrichs Charakter herauszudestillieren, ob man ihn erst zum Krieger gemacht hatte oder ob er ganz umgekehrt von Anfang an für den Soldatenberuf geschaffen gewesen war.

Mit gerade mal sechzehn, nur wenige Wochen vor Kriegsende, hatte man ihn noch zum Militär geholt, und er schaffte es tatsächlich, in der nahe gelegenen Oberpfalz, zwischen Achtel und Hirschbach, wo die Waffen-SS den Richtung Böhmen vorrückenden Amerikanern noch ein letztes barbarisches Gefecht lieferte, ein Eisernes Kreuz zu verdienen, ohne die kleinste Schramme davonzutragen.

Es wurde über den Krieg hernach nicht viel gesprochen, als der in der großen Katastrophe geendet war. Man machte schlicht und einfach das wahnsinnige Regime für alles verantwortlich und schaute zu, dass man in Ruhe weiterleben konnte. Während wir heute wissen, dass das breite Volk nicht weniger verblendet als sein Führer war – bloß dass zu jener Zeit wirklich keiner Lust hatte, diese Dinge zu diskutieren. Auch Heinrich verlor kein Wort über seine Erlebnisse. Er wurde aus der Kriegsgefangenschaft entlassen und kehrte gerade rechtzeitig zurück ins Dorf, um bei der Ernte zu helfen. An starken Armen herrschte damals ja generell überall Mangel. Den Winter über zog er sich in seine zugige Stube im ersten Stock zurück oder saß am großen Kachelofen in der Gaststube und las – als diese ab Oktober 1945 unter Aufsicht der amerikanischen Besatzer erschienen – alle Ausgaben der neu gegründeten *Nürnberger Nachrichten*, derer er habhaft werden konnte, vom ersten bis zum letzten Buchstaben.

So ging das bis zum Frühjahr. Dann, eines Tages im April, stand er vom Frühstückstisch auf und sagte: »Ich geh fort. Macht euch keine Sorgen.«

Er verließ das Dorf, kehrte seiner fränkischen Heimat überhaupt den Rücken. Wie man erst sehr viel später erfuhr, gelangte er in mehreren Etappen bis nach Algerien und trat dort in die Fremdenlegion ein. Da war er gerade mal achtzehn Jahre alt. Die Eltern hätten aus Stein sein müssen, wenn sie der Verlust ihres Zweitgeborenen nicht geschmerzt hätte. Heinis Mutter trauerte, aber kam irgendwie darüber hinweg, der Vater jedoch grollte und fraß den Groll und den Schmerz so lange in sich hinein, bis dieselben von ganz alleine weiterfraßen und den alten Pürner inwendig auflösten wie einen Kloß, der zu lange im lauwarmen Wasser schwimmt. Drei Monate brauchte der Krebs nur, dann, 1950, war er tot.

Ich musste schlucken, als ich sah, wie Lissi, die ihre letzten Kräfte zusammenkratzte, um mir zu berichten, eine Träne über die Wange lief. Ihre Erinnerung näherte sich nur langsam der schrecklichen Nacht, in der sie ihren ersten Mann verlor. Sie entsann sich der kleinsten Details, zum Beispiel sogar des Datums der Schlacht um Điện Biên Phủ im Norden des heutigen Vietnams, wo Heinrich, ihr Schwager in spe, erneut, diesmal für die französischen Kolonialherren, einen verzweifelten Kampf kämpfte. Die Schlacht tobte auf der anderen Seite der Welt, während Lissi und Leo Hochzeit hielten, und endete nur eine Woche nach der Trauung.

Die siegreichen vietnamesischen Unabhängigkeitskämpfer nahmen Heini gefangen, aber schon im August wurde er freigelassen und nach Frankreich zurückbefördert.

Und dann, wenige Monate nach der Hochzeit, war er wieder zu Hause. Der Leo war da schon der Wirt und Herr des Hauses, und die alte Mutter stand in der Küche, briet die Würste und rollte die Klöße. Die Mutter hätte beinahe der Schlag getroffen, so erschrak sie sich, als der längst tot geglaubte Heini in die Stube trat und ganz, als sei er nur ein paar Stunden draußen gewesen, ein fröhliches »Grüß Gott« an die Runde richtete und hinzufügte: »Da bin ich wieder.«

Es gibt ironische Geister, die würden wohl sagen, dass an dem Sonntag, der auf die überraschende Rückkehr vom Heini aus Indochina folgte, dem Pfarrer von Kirchensittenbach, wohin auch Bewohner vom Hohenstein zum Gottesdienst gingen, wirklich nichts Besseres einfiel, als das Gleichnis vom verlorenen Sohn zu bemühen. Ein Gleichnis, das der Dorfbevölkerung eh nur schwer oder gar nicht in den Kopf gehen wollte, auch wenn sich schon zahlreiche Geistliche zuvor aufrichtig bemüht und dabei abgezappelt hatten, die Botschaft Jesu zu erklären. Für die fränkischen Bauern sah die Sache ganz einfach aus: Der Bruder, der laut Bibel sein Erbe verprasste und als heruntergekommener Bittsteller nach Jahren ohne Lebenszeichen wiederauftauchte, hätte bei ihnen keine Gnade gefunden. Schließlich war er selbst schuld gewesen an seinem Elend, schließlich hatte er keine Rücksicht auf die Eltern genommen, sondern sich vielmehr für etwas Besseres gehalten, als sei er seinen Nachbarn und Verwandten haushoch überlegen. Für die Leute in Stöppach, Treuf oder Kleedorf geschah es dem verlorenen Sohn nur recht, dass er ins Elend stürzte, und sie hätten sich sein Gejammere entschieden verbeten.

Mit dem Heini war es freilich etwas anders, weil ja weder er ein irgendgeartetes Vermögen verschleudert hatte noch Leo sich über seine unerwartete Heimkehr beklagte. Im Gegenteil: Leo schloss vom ersten Augenblick an den Zwillingsbruder, der ihm zum zweiten Mal geschenkt wurde, erneut ins Herz, und der wiedergefundene Sohn erwies sich als umgänglich und gut gelaunt. Und Lissi – Lissi, die ihren Schwager praktisch noch nicht gekannt hatte – freute sich sehr über seine Wiederkunft. Oder vielmehr, gestand sie mir mit ganz leiser Stimme, sodass ich mich nahe über sie beugen musste, um sie zu verstehen, war Lissi vom ersten Augenblick vernarrt in ihn. »Vernarrt« sagte sie wörtlich, und mir schwante schon, dass da noch mehr dahintersteckte.

Ganz anders jedoch die Mutter: In ihr brach sich ein lange Jahre unterdrückter Abscheu Bahn. Wenn es nach ihr gegangen wäre, hätte sich Heinrich damals, als er zur SS einberufen wurde, lieber hinter den Kartoffeln im Keller versteckt, als loszuziehen, um die Söhne anderer Mütter zu töten. Nein, sie habe Heinrich nicht verzeihen können, dass er freiwillig und gerne zu den Soldaten gegangen war. »Ein Mörder ist das, der jetzt unter meinem Dach lebt«, schimpfte sie laut und offen vor allen Leuten, »ein Menschenwürger, ihr werdet es sehen – uns alle wird er noch umbringen.«

Ein ganz klein wenig recht hatte sie freilich dann schon behalten. Wobei es wie immer auch von Anfang an ein paar Leute gab, die ihr eilig zustimmten und von einem bösen Zwischenfall munkelten, den es in der Kindheit der beiden Buben gegeben haben sollte. Woran sie schon damals die teuflische Veranlagung Heinis abgelesen haben wollten. Lange Jahre lag dieses Geschehen zurück, die alten Leute übertrieben sicherlich und steigerten sich in ihre Abneigung gegen den fröhlichen und immer noch hervorragend aussehenden Heini hinein. Das aber war Lissi wichtig, dass ich mir das gewiss merkte, wiederholte sie, wie gut der Heini damals ausgesehen habe, und wie stark und gesund er gewesen sei.

Weswegen ich es zwar schon für glaubhaft halte, dass irgendwann Leonhard im Dorf-Backofen gesteckt und um Hilfe gerufen hatte, aber dass der kleine Heinrich mit zehn oder elf Jahren bereits dabei gewesen sein soll, ein Bündel Reisig zu entzünden, das halte ich für nichts als ein Schauermärchen. Das war wahrscheinlich schlichtweg üble Verleumdung, und in meiner Zeit als Pfarrer verschiedener Landgemeinden muss ich leider sagen, dass dies nichts Außergewöhnliches ist in den Dörfern und Weilern der Hersbrucker Schweiz. Der Kampf gegen das Geifern der Leute und das Sticheln und die üble Nachrede ist so hoffnungslos wie der gegen eine neunköpfige Schlange.

Ich denke mir, dass dieses Gerücht sich in Lissis Erinnerung eben deswegen so eindrücklich festsetzte, weil Leo ja am Ende tatsächlich im Feuer umkam. Als der Leonhard von der Tenne gestürzt war, wäre aber aller menschlichen Voraussicht nach sowieso jede Hilfe zu spät gekommen. Sein Genick war gebrochen, doch er war nicht sofort tot gewesen. Man fand Ruß in seiner Lunge, das wusste man schon damals richtig zu deuten, auch ohne DNA-Test und Computerdatenbank. Nicht zuletzt wegen der Luftangriffe auf die Städte hatte die Nürnberger Polizei, die pflichtgemäß, aber ohne übertriebenen Aufwand die Todesursache untersuchte, reichlich Erfahrung mit Verbrannten und Erstickten. Tod durch einen tragischen Unfall mit einer Petroleumlampe, so hieß es dann im offiziellen Abschlussbericht.

Heini verkroch sich die ersten Wochen nach dem Unglück; kein Wunder, er war ja ebenfalls übel verletzt, sein

Kopf steckte in einem dicken Verband, und er hatte seinen Bruder verloren, kaum dass die zwei wieder glücklich vereint waren, da war es schon berechtigt und nachvollziehbar, dass er blöd aus der Wäsche sah.

Denn er hatte das Können seines Bruders aufrichtig bewundert, vor allem vom Presssack war er geradezu hingerissen, und sein Lob auf Leo wollte kein Ende nehmen. Zumal die beiden Brüder sich eine Sache erlaubten, worüber die Leute noch wochen- oder gar monatelang redeten, fast so lange jedenfalls wie später über den grauenhaften Tod des Leonhard Pürner in der brennenden Scheune.

Ein paar Geschichten hatte der Heini dann nämlich doch erzählt von seiner Zeit in Indochina, während die Familie im Winter in der großen Stube um den Ofen gesessen war, während es draußen schon um vier Nacht wurde und der eine oder andere Schneesturm durch das Dorf heulte. Meistens stand die Mutter dann brüsk auf und ging hinaus in die Küche, aber Leo und Lissi kümmerte das nicht, sie hörten gespannt zu, wenn Heini die Urwälder und die fremdartigen Tiere Vietnams, die Menschen und deren Sitten, vor allem deren Gepflogenheiten beim Essen schilderte.

Die Folge war nicht schwieriger vorherzusehen als eins und eins zusammenzuzählen. Nämlich dass Leo Lust bekam, auch einmal einen Hund zu braten und selbst zu probieren, ob dessen Fleisch wirklich scharf schmeckte und den eigenen Körper erhitzte. Der Heini war natürlich gleich mit dabei und ein ziemlich junger, aber ausreichend großer Hund schnell gefunden, der sich noch nicht recht entschieden hatte, zu welchem Hof er endgültig gehören wollte. Was ihm zum Verhängnis wurde, denn die Brüder lockten ihn mit einem Stück duftender Leberwurst zu sich und zogen ihm geschwind wie der Blitz eine Drahtschlinge um den Hals, sodass das arme Tier wahrscheinlich gar nicht recht wusste, wie ihm geschah, als es schon gehäutet und ausgenommen an einem eisernen Haken unter der Decke des Schlachthauses hing und sein Blut darunter in einem Blecheimer dampfte.

Als sie mir von dem Streich, der ja immerhin fünf Jahrzehnte oder mehr zurücklag, berichtete, musste Lissi allem Kummer und selbst der Todesangst zum Trotz kichern.

»Weißt du, was das Beste wäre?«, hatte der Heini zum Leo gesagt. »Das Beste wäre, du machst aus dem Vieh auch deinen Roten Presssack. Meinst, das geht?«

»Und?«, fragte ich Lissi. »Hat er das gemacht?«

»Freilich«, hatte die Lissi geantwortet. »Freilich haben wir es so gemacht. Erst haben wir die Keulen gegessen, die ich sauber herausgebraten hab. Das Fleisch war wirklich scharf, das müssen Sie mir glauben, Herr Pfarrer! Und Herz und Nieren haben wir uns am andern Tag gemacht, mit Kraut, und aus dem Rest ein Gulasch und den Presssack. Wissen Sie, in einen Presssack, da kann eigentlich alles hinein, jedes Fitzelchen vom Vieh. Auch alles, was sonst übrig bleibt: das kann da hinein.«

Daraufhin verstummte die alte Frau, sie schloss die Augen, und ich war mir einen Moment lang unsicher, ob sie nicht gerade gestorben war, ohne dass ich jetzt noch erfahren würde, worauf sie mit ihrer langen Beichte hinauswollte.

Doch dann schlug sie die Augen wieder auf, seufzte tief und fuhr fort.

Drei Tage nach dem Brand bekam die Feuerwehr zum Dank ein Fass Bier und dazu Schlachtschüssel spendiert. Die Menschen sind ja unschlagbar, wenn es darum geht, Angst und Schrecken zu vergessen und am Morgen nach einer großen Katastrophe – jedenfalls diejenigen, die noch am Leben sind – aufzustehen, in die Hände zu spucken und weiterzumachen. Daher entwickelte sich dann aus dem Totenschmaus für Leonhard Pürner schon beinahe ein lustiges Fest. Auch aus den Nachbarorten waren zahlreiche Gäste erschienen, und die jungen Frauen, die beim Bedienen aushalfen, kamen kaum hinterher, einen dampfenden Teller nach dem anderen aus der Küche zu schleppen. Es gab heiße Brat- und Leberwürste, Schlachtteller, Kutteln und Rinderbraten und dazu Sauerkraut und Kartoffeln. Viele, denen noch genug Hitze vom Schuppenbrand in den Knochen steckte – und die sich ohnehin auskannten damit, was gut war –, entschieden sich aber für Stadtwurst mit Musik oder eben einen Teller Presssack mit Schwarzbrot.

Schon seit unvordenklicher Zeit hatte die Familie Pürner den *Blauen Ochsen* betrieben, Generation für Generation hatten die Väter die Söhne gelehrt, wie man aus dem Schwein die besten Speisen bereitete, insbesondere den berühmten Presssack, mit einem Anschnitt wie roter Marmor. Sodass man jetzt hätte meinen können, das Rezept dazu sei auf immer von der Erde verschwunden, zusammen mit dem letzten Eingeweihten, dem Leo.

Vielleicht schmeckte es den Leuten gerade deswegen so ausgezeichnet, weil man dachte, ohne den Leo würde es niemals mehr so gut werden. Dabei hatte die Lissi praktisch über Nacht die Metzgerei übernommen, denn sie wusste freilich auch, wie's ging, bloß dass sie halt die Frau war. Den Presssack hatte sie zubereitet, und keiner merkte einen Unterschied.

Ja, warum denn nicht der Heini eingesprungen war, könnte man fragen. Hier gab es tatsächlich eine Entwicklung, über die sich nicht wenige wunderten. Der Heinrich wurde an demselben Tag Vegetarier, als im *Blauen Ochsen* das Schlachtfest für die Feuerwehr ausgerichtet wurde. Später glaubten viele, er sei es schon sofort nach dem Brand geworden, als er die gerösteten Überreste seines Bruders erblickte. Aber das stimmt nicht.

Der entscheidende Punkt war, dass in der Nacht von dem Brand der Leo nicht alleine in der Scheune gewesen war. Er war vielmehr dazugekommen, nachdem sich Heinrich mit seiner heimlichen Geliebten dort auf ein Stelldichein getroffen hatte. Die Scheune, die eigentlich nicht viel mehr als einen Schuppen dargestellt hatte, war unter dem Dach zur Hälfte als Heuboden ausgebaut. Dort oben überraschte Leonhard seinen Bruder – wie es so schön heißt – in flagranti, als der gerade tatkräftige Beihilfe zum Ehebruch leistete. Lissi konnte es nicht mit Bestimmtheit sagen, aber sie vermutete, dass Leo schon länger einen schlimmen Verdacht gehegt hatte, weil: Warum hätte er sonst ein Fleischerbeil bei der Hand gehabt, nachdem er mit seinen verschieden langen Beinen die wacklige Leiter emporgestiegen war? Leo muss auch gar nicht lange gezögert haben, als er mit eigenen Augen zu sehen glaubte, was er wohl schon das ganze Frühjahr über befürchtet hatte – wobei er aber leider einem gewaltigen Irrtum aufsaß.

Wie dann der Heinrich zwei Wochen später den Verband von seinem Kopf löste, sahen sie es alle, die Nachbarn, die Männer vom Stammtisch, die Gäste aus der Stadt: Sein linkes Ohr war verschwunden. Sauber direkt am Kopf abgeschnitten.

Wenn jemand fragte: »Sag Heinrich, wo ist denn das Ohr?«, dann antwortete er immer, ein Dachziegel habe ihn ganz unglücklich getroffen, während der Löscharbeiten, und ja: Das sei sehr bedauerlich, aber eigentlich hätte er ein riesiges Glück gehabt, dass es nicht den Kopf erwischt hatte. Was ja auch insgesamt und sowieso der Wahrheit entspricht. Denn nicht auszudenken, wenn Leo besser gezielt hätte. Was bestimmt in seiner Absicht gelegen hatte. Aber so rollte der angeritzte Heinrich zur Seite, vor Schmerz schreiend, völlig ahnungslos, was da mitten in einem glückseligen Moment über ihn hereingebrochen war, und Margot, die Frau des Heinz Wirtsleitner, des Großbauern vom gegenüberliegenden Anwesen, reagierte ohne groß nachzudenken. Sie lag auf dem Rücken und stieß Leo, der nach vorne stürzte, um seinem Bruder den Garaus zu machen, mit beiden Füßen vor die Brust. Worauf Leo wahrscheinlich nicht wirklich vorbereitet gewesen war, sodass er keine Chance hatte, sinnvoll zu reagieren. Er stürzte rücklings über die Kante der Zwischendecke und krachte unten mit voller Wucht auf den gestampften Lehmboden. Dort lag er dann mit verdrehten Augen und machte nicht einen Mucks mehr, weshalb die drei Zeugen des Unfalls sicher waren, dass Leo tot war.

Drei waren es, denn Lissi, die auf dem Weg vom Schweinestall zufällig beobachtet hatte, wie Leo in der Scheune verschwand, war ihm gefolgt und musste das alles mit ansehen, im flackernden Licht der Petroleumlampe, die er am Fuß der Leiter abgestellt hatte. Kein Wunder, dass sie kein Interesse daran hatte, später über den Vorfall auch nur das kleinste Wörtchen zu verlieren. Eben bis sie auf dem Sterbebett lag und sie ihrer Seele, die schon in der Abreise begriffen war, Erleichterung verschaffen musste. Deshalb rief man auch nach mir, dem Pfarrer.

Erwin war, als ich eintraf, bei seiner Mutter am Fußende des Bettes gesessen, auch an ihm waren die Jahre nicht spurlos vorübergegangen. Recht wackelig kam er mir vor, sein kleines Kindergesicht wurde von einem weißen Stoppelbart eingefasst, die Haare auf dem Kopf waren ihm längst ausgegangen. Da seine Mutter ihm erklärt habe, dass sie sehr müde sei und jetzt lange schlafen müsse, hatte er ihr dreimal das Lied *Der Mond ist aufgegangen* vorgesungen, ehe sie ihn hinausschickte, sodass wir schließlich alleine waren, die alte Frau und ich, in der niedrigen Stube, in der fast ihr ganzes Leben über ihr Bett gestanden hatte.

Ich erinnerte mich dunkel an ein paar Bemerkungen der Alteingesessenen, die ich aufgeschnappt hatte, nicht lange, nachdem ich als Jungpfarrer im Dorf angekommen war. Dass die Frau vom Wirtsleitner, einem grimmigen und schweigsamen Kerl, der den Besuch in der Kirche mied wie der Teufel selbst – dass die Wirtsleitnerin also vor vielen Jahren von einem Tag auf den anderen abgehauen sei, irgendwohin, niemand konnte sagen wohin, und dass der Mann danach mehr und mehr vereinsamt sei.

»Und dann? Was habt ihr dann gemacht?«, drängelte ich, da ich befürchtete, dass Lissi mir in letzter Sekunde noch in die Ewigkeit entwischen könnte.

»Ich hatte das abgehauene Ohr, als es da neben mir lag, ohne nachzudenken in die Tasche meiner Schürze gesteckt. Was hätte ich denn tun sollen, um Gottes willen?«, klagte sie mit ersterbender Stimme. »Es im Garten vergraben? Auf den Misthaufen werfen, damit die Hühner es zusammenpicken? Dem Hund zum Fraß ...?«

Sie holte Heinrichs Ohr erst wieder aus der Tasche ihrer Kittelschürze, als sie in der Wurstküche stand und den Fleischwolf stehen sah, mit dem sie den Presssack für den Leichenschmaus zubereiten wollte.

»Das hätte ich natürlich nicht unbedingt dem Heini verraten müssen, Gott hab ihn selig!«, fuhr sie fort. »Aber irgendwie muss ich mir etwas dabei gedacht haben, unterbewusst, wie die Leute heutzutage sagen. Vielleicht zur Strafe. Wegen dem Techtelmechtel mit der Wirtsleitnerin. Und weil er mich überredet hat, dass wir den Unfall unter keinen Umständen melden dürfen. Sondern lieber den Schuppen anzünden, dass es wie ein Unglück aussieht und als ob Leo mit der Petroleumlampe in der Hand abgestürzt wär. Vielleicht hat er das auch im Krieg so gelernt, bloß dem Heini schoss dabei das Blut aus der Wunde, da wo vorher das Ohr gewesen war, und er sagte, dass er sonst wieder aus dem Dorf fortmüsste, auf der Stelle, wenn alle erfahren würden, was er da mit der Wirtsleitnerin getrieben hatte, die dann ja auch bis zum Hals in der Bredouille gesteckt hätte, weshalb keiner auch nur ein Sterbenswörtchen darüber verlieren durfte. Ich wusste nicht mehr, wo mir der Kopf stand in dieser Nacht, genauso wie die Wirtsleitnerin, völlig aufgelöst waren wir alle beide ... Jedenfalls hat mein Mann den Rest seines Lebens kein einziges Fitzelchen Fleisch mehr angefasst.«

Thomas Kastura
Himmelforster Hund

An jenem Tag ging Berthold Lamprecht früh aus dem Haus, kurz nach Sonnenaufgang, als die ersten Lichtstrahlen nur als vage Ahnung wahrnehmbar waren. Für den winterlichen Rebschnitt hatte er seine Elektroschere dabei. Vorsichtshalber nahm er auch seine doppelläufige Flinte mit.

Letzte Woche war es ihm so vorgekommen, als habe er am Galgenbühl einen Mann gesehen, der zwischen den Stützmauern umherstreifte, mit einer Schiebermütze auf dem Kopf und einem langen Wanderstab von der Art, wie ihn die Leute früher benutzt hatten. Und am Vorabend, während es stark geregnet und Berthold die Verkorkungsmaschine in der neuen Halle gereinigt hatte, war das Rauschen des Wassers draußen unterbrochen worden von einem anderen Klang, als prallten die Tropfen auf einen Regenschirm oder eine wetterfeste Jacke. Doch durch die beschlagenen Kunststoffscheiben hatte er nichts erkennen können.

Er stellte seinen Lieferwagen am Ende des Wirtschaftsweges ab. Dort wurde das Gefälle des Hanges für konventionelle Fahrzeuge zu stark. Bei der Lese hier heroben benutzte er einen Vollernter mit Kettenantrieb. An manchen Stellen freilich, die besonders abschüssig waren und an mehreren Seiten schräg abfielen, konnte man sämtliche Arbeiten nur per Hand erledigen.

Es war halb acht. Berthold blieb noch einen Augenblick sitzen, nahm einen Schluck Tee aus der Thermoskanne und spähte durchs Wagenfenster nach draußen.

Dichter Nebel hing zwischen den Rebzeilen der Steillage, dem Himmelforster Hund. An diesem Hang, auf einer

Fläche von nur einem halben Hektar, gediehen die Trauben für seinen besten Tropfen, einen Silvaner. Sie wuchsen auf Keuperboden, der im Sommer und Herbst enorme Hitze abstrahlte, beste Bedingungen für den Weinbau.

Inzwischen war seine Silvaner Spätlese vom Himmelforster Hund überaus begehrt. Hochdekoriert auf internationalen Messen und Verkostungen, bildete das Große Gewächs die Grundlage eines seit Jahren anhaltenden Erfolgs. Der Silvaner besaß ein abwechslungsreiches Bukett von Quitte und Stachelbeere und eine feine, mineralische Würze. Gourmetköche servierten ihn zu geräuchertem Saibling oder Hummer, zu gebratener Rehleber, Perlhuhn und anderen edlen Gerichten. Er erzielte Spitzenpreise, was sich auch auf den Absatz von Bertholds Standardweinen auswirkte, die er in größeren Mengen herstellte: Müller-Thurgau, Spätburgunder, außerdem Kerner und Bacchus. Ja, er konnte mit Fug und Recht behaupten, das Weingut ein für alle Mal aus den roten Zahlen herausgeführt und zu einem florierenden Unternehmen gemacht zu haben. Dass es dabei anfangs nicht mit rechten Dingen zugegangen war, wusste niemand. So gut wie niemand.

Widerstrebend stieg er aus und steckte die Elektroschere in seine Jacke. Die Flinte hängte er sich quer über den Rücken, doch bei dem Nebel konnte er ohnehin wenig damit anfangen, er sah ja kaum die Hand vor Augen. Wenigstens verlieh ihm die Waffe ein Gefühl der Sicherheit.

Er stapfte los und begann mit dem Rebschnitt. Zwickzwack. Stets ließ er nur einen oder zwei Triebe stehen. Dadurch reduzierte er zwar die Ertragsmenge, erhöhte aber die Qualität. Die Kraft des Rebstocks würde sich während der Vegetationsperiode in den wenigen verbliebenen Trieben sammeln, und all die Einflüsse von Licht, Luft, Erde und Wasser, dem Terroir, würden sich in den Trauben konzentrieren und einen einzigartigen Geschmacksreichtum herausbilden, vollmundig, ausdrucksstark. Ein Weinkritiker hatte einmal geschrieben, dass es sich lohnte, für den Himmelforster Hund von Berthold Lamprecht einen Mord zu begehen. Da war der Kerl gar nicht so weit von der Wahrheit entfernt gewesen.

Die Elektroschere surrte bei jedem Schnitt, Trieb um Trieb fiel zu Boden. Dadurch wurde der von den Regenfällen aufgeweichte Untergrund noch rutschiger, Berthold musste aufpassen, nicht den sicheren Tritt zu verlieren. Wenn er mit dem Winterschnitt fertig war, würde er die entfernten Triebe häckseln und als natürlichen Frostschutz auf dem Boden verteilen. Angesichts von mehr als zweitausend Rebstöcken auf der Steillage hatte er noch ein paar Tage intensiver Arbeit vor sich.

Er richtete sich auf und wischte sich den Schweiß von der Stirn. Wieder eine Rebzeile geschafft! Berthold atmete schwer. Man wurde ja nicht jünger. Jeder Schritt ging wegen des ständigen Auf- oder Absteigens auf die Gelenke, die allgegenwärtige Feuchtigkeit drang ihm in die Glieder.

Und die Flinte behinderte ihn, andauernd kam ihm der Kolben in die Quere.

Er horchte. Der Nebel schluckte alle Geräusche. Von der Landstraße im Tal drang kein Fahrzeuglärm herauf. Keine Vögel machten sich bemerkbar, nicht einmal Krähen, die ihm sonst immer auf die Nerven gingen mit ihrem Friedhofskrächzen. Aber es war noch früh am Morgen, und an einem Sonntag konnte man davon ausgehen, dass kaum jemand auf den Beinen war, schon gar nicht in der Nähe des Himmelforster Hunds. Die meisten Leute frühstückten jetzt. Oder sie lagen noch in ihren Betten und überlegten sich, ob sie sich zur Messe aufraffen sollten. Falls unten in der Dorfkirche überhaupt eine Messe gehalten wurde, die Pfarrei war schon seit Langem unterbesetzt.

Berthold nahm die Flinte von der Schulter. Er konnte sie nicht ständig mit sich herumtragen. Also lehnte er sie an einen Stock am Anfang der nächsten Rebzeile, dadurch blieb sie in Reichweite. In ein paar Minuten würde er wieder daran vorbeikommen.

Weiter mit dem Rebschnitt. Ein Lied aus seiner Kindheit kam ihm in den Sinn. »Zwick-zwack, mit der Zange dauert es nicht lange ...« Augsburger Puppenkiste. Wie lang war das her?

In den 1970ern waren sie die besten Freunde gewesen, Karl und er, die beiden Winzerbuben. Eine güldene Zeit, wehmütig rief er sie sich in Erinnerung.

Sie hatten in den elterlichen Weingütern mitgeholfen, und zwar nicht zu knapp. Damals gab es bis auf einen Traktor und die Abfüllanlage kaum Maschinen, fast alles wurde von Hand erledigt. Als Kinder mussten sie die großen Fässer von innen schrubben, weil sie klein und gelenkig waren und durch die enge Öffnung passten. Eine elende Plackerei.

Dafür wurde der Jahreslauf immer wieder von Zeiten des Stillstands unterbrochen. Die Natur ruhte – und auch der Mensch. Nach Weihnachten baute Karl seine Carrerabahn auf, er, Berthold, seine Cowboystadt. Sie sahen fern, *Urmel aus dem Eis*, die *Peanuts* und dergleichen. Manchmal durchstreiften sie die Weinberge und fühlten sich wie Winnetou und Old Shatterhand. Die Trauben wurden im Herbst gelesen, gekeltert und vermostet. Danach reifte der Wein ohne aufwendiges Zutun quasi von allein, um im Januar auf Flaschen gezogen zu werden. Der Verkauf erfolgte direkt ab Weingut, Bertholds und auch Karls Vater belieferten darüber hinaus ein paar Händler. Kein Mensch hätte im Winter daran gedacht, die Reben zu beschneiden. Ein paar tote Triebe ausholzen, mehr hielt man nicht für nötig. Man produzierte auf Menge. Den Leuten aus der Region schmeckte es. Weil sie nichts anderes kannten.

Dann, als Karl und er erwachsen wurden, änderte sich alles. Die Konkurrenz aus Frankreich und Italien drängte auf den Markt, und die fränkischen Anbaugebiete gerieten ins Hintertreffen. Eine Zeit lang ging es noch gut, die Stammkunden hielten den alten Erzeugern die Treue. Doch nach und nach mussten die Winzerfamilien ums Überleben kämpfen. Mit den Billigpreisen der Massenproduktion konnten sie nicht mithalten, und im Qualitätssegment hatten sie keine Chance. Der Ruf des Frankenweins war angekratzt. Mitte der 1990er war klar, dass man umdenken musste. Modernisierung war das Gebot der Stunde.

Ihre Väter ersetzten die alten Holzfässer durch Stahltanks, investierten in neue Maschinen. Aber es war nie genug. Der Markt, der inzwischen auch Überseeimporte umfasste, war ihnen weit voraus. Bis auf ein paar Liebhaber wollte keiner mehr die Himmelforster Weine kaufen. Zu sauer. Zu flach. Und die Etiketten waren hoffnungslos veraltet.

Karls alter Herr starb, Bertholds Vater musste mit Demenz in eine Pflegeeinrichtung. Auf einmal waren die Jungen für ihre beiden Familienbetriebe verantwortlich, nachdem sie in Würzburg alles Mögliche studiert hatten, nur keinen Weinbau. Karl, schon damals weitsichtiger, konnte einen Abschluss in BWL vorweisen. Berthold hingegen fiel durch das erste juristische Staatsexamen und schrieb das Studium ab, für Prüfungen büffeln war noch nie seine Sache gewesen.

Sie kehrten auf ihre Weingüter zurück. Und aus Freunden wurden Rivalen.

Auch was Frauen betraf. Auf diesem Feld stellte sich Berthold zunächst geschickter an. Er heiratete Antonia, eine Industriellentochter aus dem Münsterland, die er über Karl kennengelernt hatte. Dank Tonis Geld konnte er einige Jahre weiterwursteln. Mit einem Haufen Antiquitäten motzte er den elterlichen Hof zu einem Landhaus auf, aber das Weingut machte kontinuierlich Verlust. Was er auch probierte, es klappte nicht. Er kaufte Barriquefässer viel zu teuer ein. Kümmerte sich nicht um EU-Drittmittelförderung. Verschlief die Umstellung auf Riesling- und Weißburgunderanbau. Berthold musste größere Kredite aufnehmen.

Währenddessen machte Karl alles richtig: computergesteuerter Kellerausbau, Erweiterung des Sortiments, schickes Marketing, radikaler Rebschnitt, vor allem in den klimatisch begünstigten Steillagen. Berthold meinte die Erfolgsformel zu kennen: Seinem eigenen Weingut fehlte es schlicht an einer Spitzenlage, um auf dem Radar der Weinkritiker zu erscheinen. Auf seinem Land gedieh einfach kein Großes Gewächs, da konnte er machen, was er wollte. Er brauchte dringend ein agrarisches Filetstück. Dann würde der Durchbruch nicht mehr lange auf sich warten lassen.

Er fragte seinen alten Freund, ob er ihm den Himmelforster Hund abgeben wollte, im Tausch mit minderwertigen Lagen aus seinem eigenen Besitz.

Karl hatte empört abgelehnt und sich wie ein dummer Junge behandelt gefühlt, obwohl der Abend vor Bertholds raumgreifendem Kaminofen so gemütlich gewesen war. Obwohl sie lange in alten Jugend- und Studentenzeiten geschwelgt hatten. Und obwohl sich Toni so offenherzig gezeigt hatte nach einer Flasche Carlos-Secco. Als ob ihr es in

Karls Anwesenheit leichter gefallen wäre, sich locker und verführerisch zu geben.

Dies alles ging Berthold durch den Kopf. Zwick-zwack. Seine Hände arbeiteten wie von selbst. Alles Überflüssige wegschneiden und nur das stehen lassen, was Erfolg versprach – eine gute Philosophie. Warum war er nicht schon vor Jahrzehnten darauf gekommen? »So wird's gemacht«, hätte er seinen Vater belehrt – und wenigstens einmal über ihn triumphiert.

Er näherte sich wieder dem Anfang der Rebzeile. Der Nebel war so dick, dass man ihn einatmen musste wie Gas. Oder wie Rauch bei einem Häuserbrand. Ja, der Brand in der alten Halle … Der hatte alles auf den Kopf gestellt. Oder vom Kopf auf die Füße.

Die Flinte war weg.

Er konnte es nicht fassen. Er erinnerte sich genau, wohin er die Waffe gestellt hatte, neben eine Banderole am Draht, die von der Lese übrig geblieben war.

Spurlos verschwunden.

Ihn fröstelte. Hektisch blickte er sich um, versuchte, im Nebel etwas zu sehen. Reflexhaft steckte er die Elektroschere ein, um die Hände frei zu haben.

Oberhalb der Steillage befand sich der Ausläufer eines Waldgürtels, der den Weinberg vor kalten Nord- und Ostwinden schützte. Er war nur als dunkler Streifen zu erkennen.

Plötzlich ertönte ein metallisches Knacken. Es klang, als hätte jemand einen Schuss abgefeuert.

Berthold schmiss sich der Länge nach hin. Wegen des starken Gefälles drohte er abzurutschen. Er befand sich an der steilsten Stelle der Weinlage, die zwar am schwierigsten zu bewirtschaften war, wo aber die hochwertigsten Trauben wuchsen, für seine Spät- und Beerenauslesen. Das Gelände lief nach oben hin spitz zu wie die Seite einer Pyramide. Wenn er hier den Halt verlor, würde er den Hang ungebremst hinunterstürzen. Geistesgegenwärtig gelang es ihm, sich an einem Rebstock festzuklammern. Mit ausgestreckten Armen lag er auf dem Bauch, das Gesicht schmutzbeschmiert.

Er hob den Kopf.

Etwas landete ein paar Meter vor ihm auf dem Boden. Es war seine Flinte – in zwei Teilen. Jemand hatte den Lauf am Scharnier abgebrochen. Selbst mithilfe der Hebelwirkung, etwa indem man auf den aufgeklappten Lauf trat und sich gegen den Kolben stemmte, waren dafür große Körperkräfte erforderlich.

»Suchst du das?«, kam es von weiter oben.

Berthold kannte die Stimme. Sie klang heiser, aufgrund der Verbrennungen am Hals. Karl würde bis zu seinem Lebensende nur krächzen können wie die Krähen, von denen sich Berthold immer beobachtet fühlte, die ihm überallhin zu folgen schienen, nur heute nicht.

Er schwieg.

»Sie haben mich früher rausgelassen«, fuhr Karl fort. »Gute Führung und so weiter. Damit hast du nicht gerechnet, wie?«

Berthold hatte zumindest eine Vorahnung gehabt, ein ungutes Gefühl, sonst wäre er nicht mit der Flinte losgezogen. Aber er hatte es nicht wahrhaben wollen.

»War keine leichte Zeit im Gefängnis, ganz und gar nicht. Man fühlt sich da wie lebendig begraben.«

Berthold versuchte, wieder auf die Beine zu kommen. Er zog sich an dem Draht hoch, an dem die Reben festgebunden waren. Der Draht vibrierte, seine Schwingungen pflanzten sich an der Rebzeile fort.

»Alle Achtung, was du aus dem Himmelforster Hund gemacht hast! Im Knast durfte ich Zeitschriften bestellen. Hab mir natürlich Weinmagazine kommen lassen, um die Marktentwicklung zu verfolgen. Berthold Lamprecht, der Erfolgswinzer. Berthold Lamprecht erhält den Wein-Oscar. Du bist ein richtiger Star geworden.«

Er schätzte die Entfernung zu Karl. Zehn Meter? Oder zwanzig? Wo stand er überhaupt? Im Nebel war das unmöglich festzustellen.

»Nach der Zwangsversteigerung ist es mit dir bergauf gegangen. Bis ganz nach oben. Na ja, *fast* bis ganz nach oben. Da stehe ich jetzt nämlich, zumindest auf das Gelände bezogen.« Ein hohles, kratziges Lachen. »Fällt mir zwar nicht leicht, mit meinem lädierten Bein hier hochzusteigen, aber es geht schon irgendwie. Mit einem Wanderstab. Sieht aus wie der Bischofsstab des heiligen Kilian. Den hast du doch aufs Flaschenetikett genommen, damit's mehr nach Tradition aussieht.«

»Was willst du?«, presste Berthold hervor.

»Was ich will? Ist das alles, was dir einfällt?«

»Lass uns reden! Setzen wir uns bei einem Schoppen zusammen und –«

»Ich soll mich mit dir an einen Tisch setzen?«, unterbrach ihn Karl. »Wie in alten Zeiten? Das könnte übel ausgehen, oder nicht?«

»Brauchst du Geld?«

»Deines ganz gewiss nicht.«

»Warum bist du dann hier?«

»Um ein paar Dinge klarzustellen. Manchmal kriege ich nicht mehr genau zusammen, was damals passiert ist. Vielleicht hilfst du meinem Gedächtnis auf die Sprünge.«

Es hörte sich so an, als würde Karl sich auf dem Boden

niederlassen. Oder auf einer mitgebrachten Decke. Ein leises Ächzen drang durch den Nebel.

»Also gut. Beginnen wir mit dem letzten gemeinsamen Abend, an dem alles in die Brüche ging. Toni trug dieses geblümte Sommerkleid, das mit dem Wahnsinnsausschnitt. Stimmt's?«

Auch Berthold versuchte sich einigermaßen bequem hinzusetzen. Das schien eine längere Unterhaltung zu werden. Bei Karl hatte sich wohl einiges angestaut. »Das Kleid hat sich Toni selbst gekauft«, brummte er.

»Du hast ihr ja nie solche Geschenke gemacht. Hübsche Sachen außer der Reihe, Überraschungen, die man nicht erwartet. Seit der Hochzeit nicht mehr, das hat sie mir gesagt.«

»Ihr habt euch eben blendend verstanden. Immer schon.« Berthold konnte seine Eifersucht, die sich nach all den Jahren wieder regte wie ein verschlagener alter Köter, kaum verbergen.

»Kommen wir zu deinem lächerlichen Angebot, den Himmelforster Hund gegen deine Tallagen einzutauschen. Aus denen lässt sich gerade mal Federweißer machen. Für wie dumm hast du mich eigentlich gehalten?«

»So ist das bei einem Handel. Man steigt erst mal niedrig ein.«

»Das war eine Beleidigung!« Karl klang aufgebracht. »Ich hätte gleich aufstehen und gehen sollen.«

»Stattdessen hast du dich mit mir gestritten, mir allerlei Vorträge gehalten – und Toni dabei schöne Augen gemacht. Ihr immer wieder von deinem verdammten Secco nachgeschenkt.«

»Schaumweinproduktion – darauf habe ich dich auch erst mit der Nase stoßen müssen.«

»Du hältst dich immer noch für schlauer als die anderen. Und? Was hat dir dein ganzes Weinwissen gebracht?« Berthold schnaubte abfällig. »Mit Toni ist es ja auch nicht so gelaufen, wie du dir das vorgestellt hast.«

»Toni war mein größter Fehler, das gebe ich zu.« Karl sprach jetzt ganz leise, seine Worte waren kaum zu verstehen. »Ich hätte ihre Nachricht auf dem Anrufbeantworter gleich löschen sollen.«

»Und du hättest am Morgen nach dem Streit nicht zurückkehren dürfen, zu uns nach Hause, am helllichten Tag.«

»Sie hat mich angefleht! Dass sie es nicht länger mit dir aushält. Dass sie sich was antut.«

»Das war der Kater nach dem vielen Alkohol, dann wurde sie immer hysterisch.«

»Ich wollte einfach nur für sie da sein, mir bei einem Kaffee ihre Sorgen und Nöte anhören.« Ein bisschen klang es wie eine nachträgliche Entschuldigung.

»Aber ihr seid im Bett gelandet. In unserem Himmelbett aus Venedig. Ihr dachtet, ich wäre zu Besuch bei meinem Vater im Pflegeheim.« Berthold lachte spöttisch. »War ich ja auch, aber nur kurz.«

»Lange genug, dass es für ein Alibi gereicht hat.«

»Wenn du der Krankenschwester regelmäßig einen Fuffi zusteckst, zahlt sich das irgendwann aus. Und im Nachbardorf war Kirchweih, das hat auch geholfen.«

»Keine Zeugen.«

»Niemand hätte Tonis Kreischen gehört. Aber die Schlampe hat geschlafen, aus Erschöpfung, vermute ich. Oder weil sie schon wieder hoffnungslos besoffen war. Zwei Komma vier Promille hat die Polizei festgestellt, und das war Stunden später.«

»Du warst drauf und dran, uns beide umzubringen.«

»Als ich euch in flagranti erwischt habe ... ja, das war eine große Versuchung. Wie im Kino: Der gehörnte Ehemann sieht rot und schlägt mit dem Schürhaken wild drauflos. Hätte mir nur ein paar Jahre eingebracht wegen verminderter Schuldfähigkeit, Totschlag im Affekt und so weiter. Aber dann ist mir was Besseres eingefallen. Etwas viel Besseres.«

»Du hast gesagt: Klären wir es wie Männer. Ich bin darauf reingefallen.«

»Weißt du noch, wie es früher war? Du wolltest immer Winnetou sein, der edle Wilde.«

»Die Gentleman-Rothaut.«

»Und ich Old Shatterhand, der Mann mit dem harten Schlag.«

»Der auch mal zu einer List greift.«

»Genau! Freut mich, dass du es so siehst.« Bertholds Stimme troff vor Hohn. So langsam bekam er in diesem Rededuell die Oberhand.

»Wir gingen in die alte Halle. Dein Vorschlag. Da sei genug Platz für einen Faustkampf.« Karl schien das Sprechen zunehmend schwerzufallen. »Und als ich an der Abfüllanlage vorbeiging, an der Maschine zum Verkorken der Flaschen, die mit dem langen Hebel, da hast du mich bewusstlos geschlagen.«

»An dem Hebel habe ich mir x-mal den Kopf gestoßen, das kam andauernd vor.«

»Du hast den Hebel aus seiner Arretierung gelöst und mir eine verpasst. Dann hast du ihn wieder in die Maschine gesteckt.«

»Was du dir so einbildest ...«, sagte Berthold unbestimmt.

»Nur dass ein Schlag auf den Hinterkopf mit mehr Gewalt ausgeführt wird, als bei einem zufälligen Zusammenprall entsteht.«

»Ermessenssache. Der Rechtsmediziner war ein Studienkollege von mir.«

»Hab ich mir schon gedacht.«

»Und weiter?«, wollte Berthold wissen. »Was hast du dir noch zusammengereimt?«

»Dann hast du den Benzinkanister aus meinem Auto geholt, den großen aus Blech, zwanzig Liter. Dafür hast du wahrscheinlich Handschuhe benutzt, wegen der Fingerabdrücke. Du hast das Benzin in der alten Halle verteilt, es angezündet, mir das Feuerzeug in die Hosentasche geschoben und das Weite gesucht. Bist zurück zu deinem Vater gefahren, wegen des Alibis.«

»Mein alter Herr hat sich immer über Besuch gefreut. Damals hat er mich noch erkannt.«

»Es sollte so aussehen, als habe ich dich durch die Brandstiftung in den Ruin treiben wollen, ich, der Liebhaber deiner Frau, was auch durch die gynäkologische Untersuchung nachgewiesen wurde.«

»Spermarückstände. Toni fand das ziemlich erniedrigend.«

»Sie fand *dich* erniedrigend, so erniedrigend, dass sie sich schleunigst von dir scheiden ließ!«

»Unter erheblichen Besitzeinbußen. Sie hat fast ihr gesamtes Erbe verloren – und ihren guten Ruf in der Region. Nach deiner Verurteilung habe ich Toni nie wiedergesehen. Sie ging zurück ins Münsterland. Wie ich höre, ist sie in den Schweinemastbetrieb ihrer Familie eingestiegen. Die haben da mehr Schweine, als es in Franken Rebstöcke gibt. Kannst du dir das vorstellen?«

»Du hättest mich verbrennen lassen!«, schrie Karl.

»Die Feuerwehr traf mit Verspätung ein. Muss an der Kirchweih gelegen haben, da geht es immer hoch her. Dauerte eine Weile, bis jemand auf Rauch aus dem Nachbardorf reagiert hat. Aber du wurdest gerettet.«

»Mit Verbrennungen dritten Grades, am Hals, der Schulter, an meinem linken Bein.«

»Bis zum Prozess warst du ja wieder verhandlungsfähig.«

Eine Pause entstand. Die Dinge waren klargestellt, fand Berthold, so wie Karl es beabsichtigt hatte. Unschöne Dinge, auf die niemand stolz sein konnte. Die sich jedoch aus der Situation ergeben hatten. Einer Situation, die eine einmalige, niemals wiederkehrende Gelegenheit gewesen war. Berthold hatte sie beim Schopf ergriffen, zum ersten Mal in seinem Leben. Endlich einmal hatte er den richtigen Riecher besessen. Die Möglichkeiten erkannt, die ihm Tonis Untreue eröffnet hatte.

Betrogene Ehemänner durften überreagieren, das war quasi ein Naturrecht, auch juristisch fiel das ins Gewicht. Und wenn der Liebhaber seiner Frau ein alter Freund war, erst recht. Damit hatte er sein Gewissen jahrelang beruhigt.

»War's das?«, fragte Karl dann. »Kein Wort der Reue?«

»Dafür ist es wohl zu spät.«

»Dafür ist es nie zu spät.«

»Hast du auch ein Gewehr? Knallst du mich jetzt ab?«

Karl schwieg.

Aber Berthold hörte etwas. Geräusche schwerer Schritte auf nassem Untergrund. Kurzer Schritte wegen des Gefälles, unregelmäßig, näher kommend. »Rache – darum geht es dir, oder? Auge um Auge, Zahn um Zahn?«

»Nein.«

»Nein?«

»Ich bringe dich nicht um, falls du das meinst.« Eine Gestalt zeichnete sich im Nebel ab. »Ich wollte nur die Wahrheit erfahren. Oder bestätigt wissen.«

»Na gut«, sagte Berthold unsicher und ein wenig erleichtert. Er richtete sich auf. »Wenn du dich nicht rächen willst, was willst du dann?«

»Wir waren Freunde. Blutsbrüder, wenn du dich erinnerst. Wir haben uns mit Taschenmessern geritzt. Dann reichten wir uns die Hände.«

Endlich konnte Berthold erkennen, wen er vor sich hatte, in vielleicht zwei Metern Entfernung. Karl war schrecklich abgemagert, fleckige, eingefallene Wangen, ein wirr wuchernder Vollbart. Hass, Ohnmacht, Enttäuschung hatten dieses Gesicht geformt, und nichts davon ließ sich rückgängig machen. Karl wirkte wie ein Geist, der vom Hügelkamm herabgestiegen war, um eine sterbliche Seele mit sich zu reißen.

»Reich mir deine Hand«, sagte Karl.

»Warum?«

»Ich möchte Abschied nehmen.«

Berthold rührte keinen Finger.

Etwas traf ihn an der Brust. Karls Wanderstab.

Er fiel hintenüber. Instinktiv versuchte er sich irgendwo festzuklammern, doch diesmal gelang es ihm nicht. Die Steillage wurde ihm zum Verderben. Er stürzte, sich überschlagend, zwischen den Rebzeilen hindurch, spürte, wie er sich dabei verrenkte, wie Knochen brachen, im Hüftbereich, auch die Rippen und sein rechter Oberschenkel. Ein heftiger, bohrender Stich im Rücken. Der Himmelforster Hund zeigte kein Erbarmen.

Abrupt kam sein Körper zum Stillstand. Nichts regte sich mehr. Er war gegen eine Stützmauer geprallt, die den Hang vor dem Abrutschen bewahren sollte.

Der Schmerz war überwältigend. Er konnte seine Beine nicht mehr bewegen, die Arme auch nicht. Nur noch in den bleiernen Himmel starren. Und mit letzter Kraft einen verzweifelten Hilferuf ausstoßen.

Eine Hand legte sich auf seinen Mund.

Sein Hilferuf erstarb.

Eine weitere Hand durchsuchte seine Tasche. Fand die Elektroschere. Probierte sie aus. Das Gerät funktionierte.

Toni beugte sich über ihn. Sie verharrte kurz, um sicher zu sein, dass er sie mit seinen vor Entsetzen geweiteten Augen erkannte.

»Darauf habe ich lange gewartet. All die Jahre. Wie oft habe ich es mit Karl durchgespielt?«

»Im Knast?«, stöhnte Berthold.

»Einmal die Woche zu den Besuchszeiten. Wir sind ein Liebespaar geblieben, trotz allem.«

»Du siehst gut aus. Fast unverändert.«

»Hass konserviert.«

»Und jetzt? Willst du mir mit der Schere die Kehle durchschneiden?«

»Jederzeit.« Toni sah an ihrem Ex-Gatten herab. »Aber ich glaube, du verblutest gerade. Die Arterie an deinem Oberschenkel, da spritzt es nur so heraus.«

»Binde das Bein mit irgendwas ab!« Berthold spürte, wie die Lebensgeister aus ihm wichen. Rapider Abfall des Blutdrucks. »Nun mach schon! Ruf einen Krankenwagen!« Ihm wurde schwarz vor den Augen.

Toni ließ die Schere fallen. Sie trug Handschuhe gegen die Kälte. Es würde wie ein Unfall wirken. Star-Winzer beim Rebschnitt abgestürzt. Niemand würde je die Wahrheit erfahren.

Bertholds Blut sickerte ins Erdreich. Vielleicht wurde ein besonders würziger Spätburgunder daraus.

Susanne Reiche
Karpfen gebacken

Die Tür des Gasthauses fällt ins Schloss und trennt ihn von Stimmengewirr und Tellerscheppern, dem Knallen der von groben Bauernhänden auf Holztische gedroschenen Schafkopfkarten. Es hat geregnet. Tänzelnd weicht er den Pfützen aus, die den trüben Schein der Parkplatzlaterne spiegeln, und schlägt den Feldweg entlang der Karpfenteiche ein. Bis zur Landstraße, an der er am frühen Abend das Auto abgestellt hat, sind es nur zehn oder fünfzehn Minuten – ein kleiner Verdauungsspaziergang. Gut gelaunt spitzt er die Lippen und pfeift ein Liedchen.

Über die Teiche bläst ein steter, feuchtkalter Wind, es ist so finster, dass er seine Füße nicht sieht. Das fröhliche Pfeifen vergeht ihm bald. Fröstelnd knöpft er den Mantel zu und schlägt den Kragen hoch. Hätt ich vor der Wirtschaft geparkt, tät mir die Sitzheizung jetzt schon den Arsch wärmen, denkt er mürrisch. Aber sein Auto ist eine rostige Blechbüchse, die keinesfalls dem entspricht, was er zu sein vorgibt – es wäre dämlich gewesen, damit vorzufahren. Vorsichtig tastet er sich mit glatten Sohlen über den matschigen Pfad und wärmt sich innerlich an dem Gedanken, ein Buch zu schreiben: *Scheißgegend – eine subjektive Kritik des strukturschwachen ländlichen Raums*; mit Ausführungen zur lausigen Beleuchtung desselben, dem allgegenwärtigen Mobilfunkloch und der vermutlich durch Inzucht entstandenen geistigen Einfalt der Bevölkerung. Das wird ein Bestseller, denkt er, dann irritiert ihn etwas. Ein Geräusch. Schritte. Ein Tier? Er hält inne und lauscht dem Raunen und Wispern der Natur, dem Scharren und

Wühlen ihrer Bewohner. Tiefe Schatten liegen über der Landschaft.

»Hallo?«, ruft er halbherzig.

Die Antwort kommt prompt: Ein heller Schmerz explodiert auf seiner Schulter und reißt ihn von den Beinen. Er rutscht die regennasse Böschung hinunter und kauert sich, atemlos vor Entsetzen, tief in den Uferschlamm. Das Wasser ist eisig, läuft in seine Schuhe und steigt seine Socken und Hosenbeine hoch, wie Kerzenwachs in einem Docht. Die Mondsichel wirft fahles Licht auf den Teich, alles andere verbirgt sich vor seinen schreckgeweiteten Augen im Dunkeln. Er hört das hohle Rascheln von Schilfhalmen, das Schlürfen und Schmatzen der Karpfen. Dann wieder Schritte – Stiefel, die über feuchtes Gras rutschen. Ein keuchendes Atmen. Sein unsichtbarer Feind schiebt einen dumpfen Geruch vor sich her – nach Schweiß, nach feuchten Socken, nach Wut. Wer? Warum? Soll er fliehen und laut um Hilfe rufen oder reglos und still bleiben? Hat es einen Sinn zu verhandeln – zu betteln, zu flehen? Ist er das Zufallsopfer eines Wegelagerers, eines Psychopathen? Oder hat er sich mit seinen dreisten Lügen einen Feind zu viel gemacht?

Er kaut auf diesen Fragen herum wie auf hartem Brot.

Aus dem Augenwinkel nimmt er eine Bewegung wahr und zuckt zusammen, hält die Hände schützend vors Gesicht. Aber es ist nur ein Frosch, der von der Uferböschung springt und feucht seine Wange streift, ehe er aufs Wasser klatscht und in die schwarzen Tiefen taucht.

Seine Erleichterung währt nur kurz. Ein Schatten von vage menschlicher Gestalt schält sich aus der Nacht, ein harter Schlag trifft seine Schläfe und löscht mit einem krossen Bersten das letzte bisschen Licht, jedes Geräusch und jeden Geruch. Für immer.

Ein Jahr später

»Der Zeuge Dr. Hermann Ranz, bitte.«

Hermann, ein korpulenter Mittfünfziger mit schütterem Haupthaar, zog ein Taschentuch aus seinem Janker und tupfte sich die schweißnasse Stirn.

»Der meint dich, Hermel!«, sagte seine Frau und fuchtelte aufgeregt mit den Händen. »Du musst jetzt da rein und eine Aussage machen!«

»Danke, Helga«, sagte Hermann und steckte das Taschentuch wieder ein. »Vielen Dank für den Hinweis. Wenn ich dich nicht hätte ...«

Helga schnaubte, Hermann stemmte sich von der dünn gepolsterten Bank in die Aufrechte und folgte dem Gerichtsdiener durch die schmucklose Flügeltür in den Gerichtssaal des Erlanger Amtsgerichts. Die Zuschauerbänke waren dicht besetzt: Der Fall des Toten aus dem Seebacher Fischteich hatte überregional für Aufmerksamkeit gesorgt. Angesichts der vielen neugierig gereckten Hälse wurde Hermann noch nervöser, als er ohnehin schon war.

Der Richter verlas seine Personalien und belehrte ihn dann über die Wahrheitspflicht. Hermann schwitzte und nickte.

Im vergangenen Herbst, Anfang September, hatten Helga und er sich für ein paar Tage im Gasthaus *Zur Krone* in Seebach einquartiert, einem kleinen Dorf im Aischgrund – ländliche Ruhe, gutbürgerliches Essen und, nun ja, Spaziergänge. Auch am letzten Urlaubstag hatte Helga auf einem Verdauungsspaziergang entlang der Karpfenteiche bestanden, und Hermann hatte sich gefügt. Von A nach B und zurück zu laufen, nur um sich bewegt zu haben, erschien ihm völlig sinnlos; und wenn es um Verdauung ging, zog er einen Zwetschgenschnaps einem Spaziergang bei Weitem vor.

Es war ein trüber, eher kühler Tag, der Feldweg schlammig von einem der vielen Regengüsse. Hermann schnaufte mit hochrotem Kopf – ein Hirschgulasch mit Pfiffern und zwei kindskopfgroße Klöße lagen ihm schwer im Magen, während Helga mit Forelle Müllerin und einem grünen Salat konditionsmäßig klar im Vorteil war. Sie hatte sogar noch Luft zum Plaudern und nutzte diesen Umstand schamlos aus, um über dies und das zu referieren: die ernährungsphysiologischen Vorteile des »Schweins des kleinen Mannes«, die »Monate-mit-R«-Sache und die Ökobilanz regional erzeugter Fischprodukte.

»Freilich«, sagte er gelegentlich, und: »Soso, jaja«, aber eigentlich hörte er gar nicht hin. Er wollte die lästige Lauferei nur möglichst schnell hinter sich bringen, um vor der Abreise noch ein Stück Käsekuchen und einen Kaffee in der *Krone* zu konsumieren. Zu seinem Leidwesen blieb Helga nach wenigen Hundert Metern stehen.

»Da, schau mal, Hermel, Karpfenernte«, sagte sie.

In einem abgelassenen Weiher standen Männer mit Keschern knietief im Schlamm, um sie herum brodelte es vor zuckenden, schuppigen Leibern.

»Das ist ja ein rechtes Gemetzel«, meinte Helga mitleidig, »und ›Ernte‹ ist ein unpassendes Wort für das Töten von Tieren, findest du nicht?«

»Die leben doch noch eine Weile im Wirtshausaquarium, zumindest bis jemand Karpfen gebacken bestellt«, wiegelte Hermann ab. »Jetzt geh schon weiter ...«

Statt seiner Anregung zu folgen, trat Helga einen Schritt zurück und schnappte nach Luft. »Allmächd!«, rief sie mit kippender Stimme und deutete in den Weiher. »Hermel!«

»Du hast vor einer halben Stunde eine Forelle verzehrt«, erinnerte Hermann seine Frau. »Die ist auch nicht an Altersschwäche gestorben. Ich weiß also nicht, warum du jetzt wegen der Karpfen in hysterische Schnappatmung ...«

»Ich mein doch nicht die Fische«, fiel Helga ihm ins Wort. »Da! Im Schilf! Siehst du das denn nicht?«

Hermann rückte seine Brille zurecht, und ja, dann sah er es auch. Ein grausiger Anblick. Ein schlammschwerer Mantel, der sich im Schilf verhakt hatte, ein nacktes, bleiches Gesicht, um das die Karpfen wimmelten und ein schauriges Mahl hielten ...

»Herr Dr. Ranz?«, sagte der Staatsanwalt. »Hören Sie mir zu? Ich habe gefragt, ob es stimmt, dass Sie die Leiche geborgen haben?«

Hermann schwitzte und nickte. Auf Helgas Drängen hin war er das steile Ufer hinuntergeschlittert und hatte den Toten herausgezogen – die Polizei und insbesondere die Spurensicherung hatten ihm später deshalb die Hölle heiß gemacht. »Vielleicht lebt der ja noch!«, hatte Helga insistiert. »Du bist doch Arzt!« – Hermann hatte eine kleine Hausarztpraxis in Fürth; grippale Infekte, Kreuzschmerzen, Burn-out-Syndrome und Ähnliches.

»Wären Sie denn so freundlich, dem Gericht Ihren ersten Eindruck zu schildern?«, bat der Staatsanwalt.

»Freilich«, sagte Hermann. »Der Mann war mausetot und in keinem guten Zustand. Er hat wohl schon drei, vier Tage da im Teich gelegen, und die Fische ... na ja. An der linken Schläfe des Toten war unschwer eine Fraktur erkennbar ...«

»Das stimmt mit dem offiziellen Untersuchungsergebnis überein«, sagte der Staatsanwalt. »Die Tatwaffe war ein dicker Ast, der unweit des Tatorts aufgefunden wurde. Leider ohne verwertbare Fingerabdrücke.« Er nickte Hermann aufmunternd zu. »Der Tote war Ihnen bekannt?«

»Aber nur vom Sehen«, stellte Hermann klar. Es war am dritten Tag ihres Aufenthalts in Seebach gewesen. Der Tote – damals noch ein Lebender – war gegen sechs in die Jägerstube der *Krone* gekommen und hatte sich an den Nebentisch gesetzt. Der dunkel gekleidete, auffallend blasse Mann bestellte Karpfen gebacken und verzehrte das Gebrachte umstandslos, ehe er energisch nach dem Wirt verlangte. »Wenn man in eine Karpfenflosse beißt«, erklärte er dem verdutzten Gastronom, »dann erwartet man ein bestimmtes Geräusch: das krosse Bersten knuspriger Panade. Und das Fleisch sollte leicht von den Gräten gehen und fest und nussig schmecken ... Dies hier«, er deutete auf die abgenagten Gräten, »hat keine dieser Erwartungen erfüllt. Ihr Karpfen ist schlecht, mein Lieber, eine schwammige und modrige Beleidigung des kultivierten Geschmacks. Über den wässrigen Kartoffelsalat wollen wir gar nicht erst reden ...« Er schob dem Wirt eine Karte hin und stellte sich vor: »Magnus von Meiningen-Lohr, Kritiker im Auftrag des renommierten Restaurantführers *Filet und Flosse*.«

Der Wirt, ein dicker und an sich rotgesichtiger Mann, wurde fast so blass wie sein Gast und fing stotternd an, seinen Karpfen zu verteidigen, als am Nebentisch ein schmächtiger junger Vollbart von einem Teller Beilagensalat aufsprang und sich einmischte.

»Das ist ja wohl das Letzte!«, schrie er den Restaurantkritiker an. »Fische sind Lebewesen wie Sie und ich, sie haben ein Recht auf körperliche Unversehrtheit! Sie zu essen ist schon ein Verbrechen – sich auch noch über die Art ihrer Zubereitung zu ereifern ist nachgerade zynisch!«

Der Wirt schwieg diplomatisch. Nicht so Magnus von Meiningen-Lohr. »Und wer sind Sie, dass Sie glauben, Ihre unmaßgebliche Meinung beitragen zu müssen?«

»Felix Meinert«, sagte der Vollbart und reckte das knochige Kinn. »Veganer, Tierschützer und Tierbefreier.«

»Hohoho«, lachte der Restaurantkritiker. »*Tierbefreier?* Und weil ihr Deppen mit den Delfinen im Nürnberger Tiergarten nicht weitergekommen seid, wollt ihr jetzt die Karpfen im Erlanger Hinterland befreien? Was ist der Plan – die armen Viecher in der Regnitz auszusetzen, zusammen mit verhaltensgestörten Delfinen? Ihr spinnt doch allesamt!«

»Ich fürchte, auf diesem Niveau hat ein Gespräch keinen Sinn«, konstatierte der Tierbefreier zähneknirschend. »Aber lassen Sie sich eins gesagt sein, Herr ... Dings von Dings: Ihre Einstellung ist kurzsichtig, grausam und dumm, und man muss für alles bezahlen. Und zwar noch in diesem Leben!«

Damit nahm er nach einem scharfen Blick auf die Reste der Grillplatte von Helga und Hermann wieder vor seinem Beilagensalat Platz, während Magnus von Meiningen-Lohr mit dem Wirt hart über seine Rechnung verhandelte und dabei durchblicken ließ, dass ein preisliches Entgegenkommen seiner Kritik im *Filet und Flosse* durchaus etwas an Schärfe nehmen könnte.

Das alles erklärte Hermann jetzt vor Gericht.

»Der Angeklagte hat das Opfer also vor Zeugen bedroht?«, hakte der Staatsanwalt nach.

»Äh, ja. Irgendwie schon«, sagte Hermann und tupfte sich wieder den Schweiß von der Stirn.

»Vielen Dank für Ihre Aussage, Herr Dr. Ranz. Wenn Sie wollen, dürfen Sie jetzt auf der Zuschauertribüne Platz nehmen.«

Hermann, erschöpft und hungrig, wäre gern nach Hause gegangen, aber Helga ließ nicht mit sich reden. Sie zog ihn am Ärmel mit und schob ihn zwischen dicht besetzten Stuhlreihen hindurch auf einen freien Stehplatz.

»Stell dir nur vor, der hätte uns auch ermorden können«, flüsterte sie schaudernd und zeigte auf den Angeklagten. »Wegen unserer Grillplatte.«

»Dass diese Verhandlung überhaupt stattfindet«, erklärte Felix Meinert gerade dem Richter, »ist ein Akt staatlicher Willkür, eine Farce!«

Auf den Zuschauerbänken erhob sich Raunen, einige hielten Plakate hoch. »Die Würde des Karpfen ist unantastbar«, las Hermann.

Der Richter bat nachdrücklich um Ruhe und erteilte das Wort dem Verteidiger.

»Mein Mandant ist unschuldig, er könnte keiner Fliege etwas zuleide tun«, behauptete der.

»Das Opfer war aber keine Fliege«, konterte der Staatsanwalt.

»Das ist wahr!«, sagte der Verteidiger und hob den Zeigefinger. »Keine Fliege, sondern ein windiger Betrüger!«

»Das hab ich gleich gewusst«, sagte Helga triumphierend zu Hermann. Der nickte. An dem besagten Abend in der Jägerstube der *Krone*, gegen halb acht Uhr abends, hatte der vermeintliche Restaurantkritiker aus dem Wirt einen Schnäppchenpreis für den Karpfen herausgeleiert, der Tierschützer zog mit grimmigem Gesicht ab. Helga hatte gesagt: »Also irgendwie hat der junge Mann ja recht. Es ist nicht in Ordnung, etwas zu essen, das einen ansehen kann.«

»Wir hatten gerade eine Grillplatte«, gab Hermann zu bedenken. »Schwein, Rind, Lamm. Da spielt ein Karpfen ja wohl eher in der unteren Liga.«

»Aber Augen hat er auch«, beharrte Helga.

Sie teilten sich noch eine Halbe dunkles Bier und sahen gelegentlich zu Magnus von Meiningen-Lohr hinüber, der sich vom Wirt zur Beschwichtigung noch zwei Schoppen Frankenwein und einen Haselnussschnaps bringen ließ.

»Vielleicht ist der ja gar kein Restaurantkritiker«, schlug Helga vor. »Das könnte doch eine Masche sein, um sich billig durchzuschlagen. Hast du dir mal seine Schuhe angesehen?«

Nein, das hatte Hermann nicht. Er hatte Urlaub und weder am Recht des Karpfens auf körperliche Unversehrtheit noch an den Schuhen des Restaurantkritikers irgendein Interesse. Aber er war ein verheirateter Mann und fragte deshalb brav: »Was ist denn mit seinen Schuhen?«

»Na, die schauen billig aus. Kunstleder«, erklärte Helga und fuhr flüsternd fort: »Der frisst sich so durch. Sorgt für ein sauberes Aufsehen und lässt sich mit Prozenten und Gratisschnaps besänftigen. Das ist Betrug.«

Inzwischen hatte sich herausgestellt, dass Helga recht gehabt hatte. Der Tote hieß nicht Magnus von Meiningen-Lohr, sondern Klaus Müller, und von Beruf war er arbeitsloser Philologe gewesen.

»Zeugenaussagen bestätigen, dass Felix Meinert die *Krone* an diesem Abend um neunzehn Uhr fünfunddreißig verlassen hat«, erklärte der Verteidiger ans Auditorium gewandt. »Also ganze vierzig Minuten, bevor der falsche Restaurantkritiker aufgebrochen ist. Und Herr Meinert hat eine völlig andere Richtung eingeschlagen als das spätere Opfer: über die Landstraße nach Weisendorf, wo er wohnt. Mit dem Fahrrad ...«

»Das hatten wir doch alles schon«, sagte der Staatsanwalt. »Ihr Mandant ist eben nicht sofort nach Hause gefahren! Er hat seinem Opfer vor der *Krone* aufgelauert und es bis zu den Karpfenteichen verfolgt! Der Angeklagte hat kein Alibi für die Zeit nach neunzehn Uhr fünfunddreißig, aber er hatte Motiv und Gelegenheit!«

»Wenn mein Mandant alle Karpfenesser oder Restaurantkritiker umbringen wollte, hätte er viel zu tun«, stellte der Verteidiger fest. »Sie haben nicht den geringsten Beweis, dass Herr Meinert am Tatort war! Keine Fingerabdrücke, keine Fußspuren ...«

»Wir hatten mehr Fußspuren, als uns lieb war«, seufzte der Staatsanwalt. »An den Teichen führt ein beliebter Spazierweg entlang, und dann noch die Karpfenernte ... außerdem hat es in der fraglichen Woche mehrmals heftig geregnet, was der Spurenlage nicht zuträglich war.«

»Sie haben also keinen Beweis«, fasste der Verteidiger zusammen.

»Im Strafrecht kann eine Indizienkette den faktischen Beweis durchaus ersetzen«, sagte der Staatsanwalt. »Fakt ist: Die *Krone* hatte wirtschaftliche Probleme, eine negative Kritik im *Filet und Flosse* hätte ihr womöglich endgültig das Genick gebrochen ...«

Der Verteidiger machte ein erstauntes Gesicht. »Ach? Und warum hätte sich mein Mandant an der Pleite dieses Tierfriedhofs stören sollen?«

»Wenn Sie mich ausreden lassen, kann ich das gern erklären«, lächelte der Staatsanwalt. »Der Angeklagte und die Wirtstochter sind befreundet, sie kennen sich seit der Grundschule. Sie sind beide Mitglieder des Vereins ›Menschen für Tierrechte‹. Im Aischgrund wird seit Jahren gemunkelt, dass die Wirtstochter aus der *Krone* ein veganes Restaurant machen wird, sobald sie die Geschäftsführung übernommen hat. Und genau diese Übernahme stand kurz bevor, als das spätere Opfer ins Spiel kam. Ich fasse zusammen: Der Angeklagte wurde von Klaus Müller vor Zeugen beleidigt und gedemütigt, er sah die *Krone* als zukünftiges Flaggschiff einer veganen Weltanschauung sowie seine langjährige Freundin und Gesinnungsgenossin wirtschaftlich gefährdet. Zusammen mit dem Umstand, dass der Angeklagte sein späteres Opfer vor Zeugen bedroht hat, und dem fehlenden Alibi ...«

»Ein interessanter Gedankengang«, sagte der Verteidiger. »Das stärkste Motiv in dieser Situation scheint mir allerdings das drohende Aus für die *Krone* zu sein. Ein Motiv, das eher für den Wirt und seine Tochter relevant ist als für meinen Mandanten!«

»Im Gegensatz zu Ihrem Mandanten haben die beiden ein Alibi«, sagte der Staatsanwalt. »Der Gedanke an eine Absprache zwischen der Wirtstocher und Felix Meinert liegt freilich nahe, allerdings ...«

»Allerdings gibt es auch dafür keinerlei Beweis!« Der Verteidiger legte eine Kunstpause ein, dann erklärte er: »Ich beantrage hiermit die Anhörung der Zeugin Ines Knopp!«

Richter und Staatsanwalt waren von diesem Antrag offensichtlich überrascht, aber nachdem alle die Köpfe zusammengesteckt und eine Weile diskutiert hatten, gab der Richter ihm statt.

Ines Knopp war eine junge Person mit leuchtend rotem Haar, altmodischem Faltenrock und blauer Bluse. Sie gab sich als Revierförsterin zu erkennen. »Dieser Herr« – sie nickte knapp zu Felix Meinert hinüber – »hat mir an dem fraglichen Abend um fünf nach acht telefonisch einen Wildunfall auf der Landstraße kurz vor Weisendorf gemeldet«, erklärte sie. »Ich war zehn Minuten später vor Ort und habe bis halb neun den Unfall aufgenommen.«

Auf der Tribüne erhob sich aufgeregtes Raunen.

»Ach?«, sagte der Staatsanwalt und legte die Stirn in tiefe Falten. »Das ist interessant. Ich frage mich allerdings: Warum erfahren wir erst jetzt von dieser Zeugin? Ihre Aussage hätte den Angeklagten doch schon während des Ermittlungsverfahrens vollständig entlasten können ...«

»Das erklär ich Ihnen gern!« Felix Meinert war von seinem Stuhl aufgesprungen. »Ich war bisher der naiven Ansicht, dass unbescholtene Bürger in einem Rechtsstaat nicht mir nichts, dir nichts vor Gericht gezerrt und ohne triftige Beweise wegen Mordes angeklagt werden können, aber ich wurde leider eines Schlechteren belehrt ...«

Sein Anwalt tätschelte ihm den Arm und nötigte ihn wieder auf seinen Platz. »Bitte entschuldigen Sie die Empörung meines Mandanten und die späte Benennung der Zeugin«, bat er den Richter. »Zunächst hat Herr Meinert die absurden Anschuldigungen wohl gar nicht ernst genommen. Und als es dann doch zur Anklage kam, hat sich ein gewisser Trotz Bahn gebrochen ... Ich habe selbst erst heute Morgen von dem Wildunfall erfahren. Glücklicherweise, denn sonst wäre es hier und heute wohl zu einem tragischen Justizirrtum gekommen.« Er räusperte sich, dann hielt er sein Plädoyer: »Felix Meinert hat die *Krone* um neunzehn Uhr fünfunddreißig verlassen. Eine halbe Stunde später, um zwanzig Uhr fünf, ging sein Notruf bei Frau Knopp ein – eine halbe Stunde, das ist exakt die Zeit, die man mit dem Fahrrad braucht, um von Seebach bis Weisenburg zu kommen, wenn man sportlich fährt! Um zwanzig Uhr fünfzehn war Frau Knopp vor Ort. Das ist wiederum exakt die Zeit, zu der das spätere Opfer die *Krone* verlassen hat. Entsprechend der Wegstrecke, die es bis zu dem Teich zurückgelegt hat, in dem seine Leiche aufgefunden wurde, hat sich die Bluttat in etwa um zwanzig Uhr zwanzig ereignet. Mein Mandant hat also ein Alibi, er ist unschuldig. Die Ermittlungen müssen neu aufgenommen werden, und vielleicht sollte man das Alibi des Wirtes und seiner Tochter dabei genauer unter die Lupe nehmen ...«

Helga, Hermann, die Leute auf den Zuschauerbänken, ja sogar der Richter und die Schöffen nickten zustimmend. Die Schlussfolgerungen des Verteidigers waren zwingend.

»Eine Frage an die Zeugin Knopp hätte ich noch«, beharrte der Staatsanwalt. »Ein Wildunfall? Mit dem Fahrrad?«

Ines Knopp lächelte. »Na ja«, erklärte sie, »es wurde mir zumindest als Wildunfall gemeldet. Herr Meinert hatte eine Maus angefahren. Das Tier war schwer verletzt, ich musste es töten.«

»Eine ... *Maus*?«, fragte der Staatsanwalt ungläubig.

»Eine Maus.« Ines Knopp schmunzelte und zwinkerte dem Richter zu. »Herr Meinert hatte deshalb einen veritablen Nervenzusammenbruch – ich konnte ihn so nicht weiterfahren lassen. Deshalb hat sich die Sache bis halb neun hingezogen ...«

Felix Meinert schien das Blitzlichtgewitter zu genießen, als er mit einem Freispruch erster Klasse aus dem Gerichtssaal kam. Er hob Zeige- und Mittelfinger zum Victory-Zeichen und gab der Presse bereitwillig Interviews.

»Das ist ja gerade noch mal gut gegangen«, sagte Helga gerührt und wischte sich eine Träne aus dem Augenwinkel. »Um ein Haar ein tragisches Justizopfer, jetzt der strahlende Held aller Veganer und Menschen mit Herz!«

»Hm«, machte Hermann. Er war noch immer müde und hungrig und nun auch sehr durstig. Um die Ecke gab es ein

Wirtshaus, das gebackenen Karpfen auf der Speisekarte stehen hatte – aber nach alldem plagte ihn die ernste Sorge, dass sich seine Ehefrau den radikalen Tierrechtlern um die Lichtgestalt Felix Meinert angeschlossen haben könnte.

»Was hältst du von ...«, fing er an. Dann stockte ihm der Atem. Gerade war die Zeugin Ines Knopp aus dem Gerichtsgebäude getreten, und Hermann hatte, rein zufällig, den kurzen Blick aufgefangen, den sie mit Felix Meinert gewechselt hatte. Es war ein verschwörerischer, einvernehmlicher, sehr leidenschaftlicher Blick – nachgerade ein Versprechen auf eine gemeinsame Zukunft –, aber er dauerte kaum zwei Sekunden. Dann blinzelte Ines Knopp, als hätte die Septembersonne sie geblendet, und stieg in ein Taxi. Felix Meinert lächelte gedankenvoll, ehe er den Journalisten wieder seine volle Aufmerksamkeit zuwandte.

»Was halte ich wovon?«, wollte Helga wissen.

»Ich äh ... Hast du das eben auch gesehen?«

»Bitte?«, fragte Helga.

»Na, diesen Blick? Das sah doch aus, als ob die beiden ...«

Helga starrte ihn verständnislos an, und Hermann beschloss, dass er sich geirrt haben musste. »Was hältst du von einem gebackenen Karpfen?«, beendete er seinen ursprünglichen Satz.

Helga dachte eine Weile nach, dann nickte sie entschieden. »Augen hin oder her, nach diesem ganzen Gerede über Karpfen hab ich jetzt wirklich einen Mordsappetit«, sagte sie. »So unsympathisch mir der falsche Restaurantkritiker auch war – er hat das treffend formuliert: Dieses krosse Bersten der knusprigen Panade, wenn man in eine Flosse beißt ...« Sie seufzte genießerisch.

»Na dann«, sagte Hermann.

Dirk Kruse
Black Coffee

»Halten Sie dort vorn an der Espressobar, Huber. Ich brauche dringend einen Kaffee.«

Der Chauffeur sah in den Rückspiegel und nickte seiner Chefin zu. Die dunkelgraue Limousine wurde langsamer, doch ein freier Parkplatz war nicht in Sicht. Also betätigte er den Warnblinker und hielt auf der belebten Straße an. Zwar hupten jetzt die Autos hinter ihm, doch das war immer noch besser, als die für ihre Wutanfälle berüchtigte Frau Direktor zu verärgern. Der Chauffeur stieg aus, ging um das Fahrzeug herum und öffnete den hinteren Wagenschlag. Isabel Landauer erhob sich, strich ihr schwarz-weißes Chanel-Kostüm glatt und gab Huber Anweisung, in genau fünfzehn Minuten wieder vorzufahren. Dann stöckelte die große, schlanke Blondine, die ihren nicht gerade kleinen Fahrer beinahe um Kopfgröße überragte, auf den Eingang des Cafés zu. Das Hupkonzert schien sie gar nicht wahrzunehmen.

Innen orderte sie einen doppelten Espresso und eine Zartbitterpraline und ließ sich auf einem der niedrigen Sessel nieder. In ihrem Handspiegel kontrollierte sie ihr Make-up. Sie sah makellos aus, dennoch fühlte sie sich leicht abgespannt. Der Börsengang ihres Unternehmens stand in ein paar Wochen bevor. Sie hatte zahlreiche Termine zu absolvieren und noch mehr Entscheidungen zu treffen. Wenn sie es schaffte, würde sie DriveTekk zum vierten börsennotierten Unternehmen im kleinen Herzogenaurach machen. Seit dem plötzlichen Tod ihres vierunddreißig Jahre älteren Mannes hatte sie das europaweit agierende Zulieferunternehmen durch aggressive Aufkäufe der Konkurrenz in den vergangenen Jahren zu einem Global Player ausgebaut. Es gab kaum ein Auto, einen Zug oder ein Flugzeug, in dem nicht Bauteile von DriveTekk steckten. Und das verdankte die Firma allein ihrer Führungsstärke, ihren Visionen, ihrer Risikobereitschaft und ihrem, wie man in der Branche sagte, Killerinstinkt. Die Verhandlung heute mit ihrer Nürnberger Hausbank war nicht einfach gewesen. Doch ihr wohldosierter, manipulativer Charme hatte gezogen. Die Bank würde ihre kurzfristigen Liquiditätsengpässe mit weiteren Millionenkrediten überbrücken.

Genüsslich ließ sie die Praline auf ihrer Zunge zergehen und trank einen Schluck des heißen, ungesüßten Kaffees hinterher. Aus den Lautsprecherboxen tönte dezente Jazzmusik. Ella Fitzgerald sang: *I'm feeling mighty lonesome, haven't slept a wink, I walk the floor and watch the door, and in between I drink black coffee.* Obwohl Isabel die Aussage des Textes fremd war – niemals würde sie sich mit der obsessiv auf ihren Mann wartenden und dabei wie paralysiert Kaffee trinkenden und rauchenden Frau identifizieren können –, mochte sie diesen Song. Schwarzer Kaffee war auch ihre Leidenschaft. Allerdings bevorzugte sie die stimmlich etwas dreckigeren Interpretationen von Sarah Vaughan oder Peggy Lee.

Da sie ihr iPad im Wagen liegen gelassen hatte, auf dem sie in freien Minuten den Wirtschaftsteil der *FAZ* oder das *Handelsblatt* las, blätterte sie gedankenverloren in einem der Coffeetable Books, einem Bildband des berühmten Fotografen Jakob Tanner mit Schnappschüssen aus den Kaffeebars dieser Welt. Neben Baristas und Kellnern in Aktion hatte Tanner, der aus Franken stammte, immer wieder auch Kaffeehausgäste porträtiert. Intime, großformatige Fotografien von sich unbeobachtet wähnenden Kaffeeliebhabern. Doch was Isabel jetzt sah, ließ ihr den Atem stocken. Eine Doppelseite mit dem Porträt einer schlanken Frau um die vierzig. Streng zurückgekämmtes, blondes Haar, hohe Stirn, stark gezupfte Augenbrauen, dezentes Make-up. Der entschlossene, fast arrogante Blick war auf die dampfende Espressotasse vor ihr auf dem Tisch gerichtet, die dünnen Lippen hatten sich zu einem triumphalen, fast boshaften Lächeln verzogen. Das alles andere als schmeichelhafte Foto zeigte sie: Isabel Landauer. Das konnte nicht sein! Es gab nur ganz wenige Fotos von ihr, und die waren alle erst offiziell von ihr freigegeben worden. Isabel achtete extrem auf ihr Image. Und diese abscheuliche Aufnahme hier präsentierte sie quasi ungeschminkt der Öffentlichkeit.

Wie konnte der Fotograf es wagen, sie so unverfroren heimlich abzulichten? Wenigstens stand ihr Name nicht unter dem Foto. Vielleicht hatte Jakob Tanner ja gar nicht gewusst, wen er da erwischt hatte. Sie konnte sich nicht erinnern, ob sie ihm schon einmal auf einem der vielen gesellschaftlichen Anlässe, die sie zu absolvieren hatte, begegnet war. Immerhin war DriveTekk auch im Kultursponsoring aktiv. Möglich war es also.

Wo hatte Tanner dieses Foto überhaupt geschossen? Jetzt wurde Isabel kreideweiß, und Schweiß brach ihr aus. Der helle Marmortisch, die roten Polster, die goldenen Zierleisten, das weiße Jackett eines vorbeihuschenden Kellners. Das war eindeutig das *Caffè Florian*, das berühmteste Café von Venedig, direkt am Markusplatz. Und auf dem Tisch vor ihr lag eine Ausgabe des *Corriere della Sera* mit dem Datum vom 13. November 2011 und der Schlagzeile von Berlusconis Rücktritt als Premierminister. Aber sie hätte auch so gewusst, an welchem Tag und in welcher Situation dieses Foto entstanden war. Denn sie hatte gerade ganz in der Nähe, im

Gritti Palace, die größte Herausforderung ihres bisherigen Lebens gemeistert. Kaltblütig und erfolgreich. Und um ihren Triumph wenigstens mit einem echten italienischen Kaffee zu feiern, war sie noch auf einen Sprung ins von Touristen bevölkerte *Florian* gegangen. In dieser Viertelstunde musste der Fotograf Isabel erwischt haben. Denn danach war sie über den Markusplatz zum Fährterminal geeilt, hatte das Vaporetto zum Flughafen genommen und war wieder zurück nach Frankfurt geflogen. Sie hatte sich keine zwei Stunden in Venedig aufgehalten. Ihr streng geheimer und minutiös geplanter Tagesausflug war in der Abtei Münsterschwarzach, wo sie gerade eine Meditations- und Fastenkur absolvierte, von niemandem bemerkt worden. Genau so, wie sie es geplant hatte. Und nun das!

My nerves have gone to pieces, my hair is turning gray, all I do is drink black coffee since my man's gone away, beendete Ella ihren Song. Nun, Isabel würde sich keine grauen Haare wachsen lassen. Und sie würde handeln. Geräuschvoll klappte sie den Bildband zu, stand auf und wandte sich an den Barista, der an der Kaffeemaschine hantierte.

»Ich möchte gerne dieses Buch hier.«

»Das gehört zur Deko. Das kann ich Ihnen nicht verkaufen. Leider.« Der junge Mann lächelte entschuldigend.

Isabel legte einen Hunderteuroschein auf die Theke. »Alles ist käuflich«, erwiderte sie und ging mit dem Buch unterm Arm hinaus, wo ihre Limousine gerade vorfuhr.

***

Isabel Landauer erhob sich vom Konferenztisch, knöpfte das Sakko ihres eleganten dunkelblauen Hosenanzugs zu und verabschiedete den Betriebsrat. Allein zurückgeblieben öffnete sie ihre Handtasche und zog daraus nicht ihr Smartphone hervor, sondern ein billiges kleines Prepaidhandy. Sie las die während der Besprechung mit einem dezenten Pling eingetroffene Kurznachricht. »Werfen Sie einen Blick ins heutige Feuilleton. F.«, stand auf dem Display, und ein süffisantes Lächeln huschte über Isabels Lippen. Dann verließ auch sie den Konferenzraum und kehrte in den Direktionstrakt zurück. Im Vorzimmer angekommen, orderte sie bei ihrer Sekretärin einen Espresso, griff sich die aktuelle Ausgabe der *Süddeutschen Zeitung* und zog sich mit der Anweisung, in der nächsten halben Stunde nicht gestört werden zu wollen, in ihr Büro zurück.

Der Artikel, den Isabel suchte, war nicht so umfangreich wie das Interview mit dem neuen Staatsminister für Kultur oder die Besprechung der Premiere mit Anna Netrebko in der Staatsoper, aber prominent auf Seite eins des Kulturteils platziert.

Kunstdiebstahl im Atelier
Erlangen – In das Atelier des bekannten Fotografen Jakob Tanner ist eingebrochen worden. Zahlreiche wertvolle Fotografien und Negative sowie ein Computer und etwa 200 Euro Bargeld wurden geraubt, teilte die Kriminalpolizei heute mit. Den Gesamtschaden schätzen die Beamten auf rund 100.000 Euro.

Der oder die Täter waren in der Nacht zum Dienstag gewaltsam in das Atelier im 2. Stock eines Wohn- und Geschäftsgebäudes in der Nürnberger Straße eingedrungen. Jakob Tanner, der das Atelier auch bewohnt, war zur Tatzeit nicht anwesend. Er soll sich derzeit beruflich auf der Fashion Week in Paris befinden. Die Einbrecher raubten etwa 50 großformatige Fotografien sowie sämtliche

Negative aus dem Atelier und entkamen unerkannt mit ihrer Beute. Zuvor hatten die Täter die installierten Überwachungskameras zerstört. Die Kripo Erlangen bittet um Hinweise aus der Bevölkerung.

Der in Erlangen geborene Jakob Tanner zählt zu den international anerkanntesten Modefotografen. Zahlreiche Ausstellungen sprechen für Tanners Popularität. Die berühmtesten Museen der Welt sammeln seine Fotokunst. Nach über 25 Jahren in der Modemetropole London ist er vor zwei Jahren in seine Heimatstadt zurückgezogen. Seit drei Jahren ist er außerdem als Professor für Fotografie an der Akademie der Bildenden Künste Nürnberg tätig. Der Künstler war nicht für eine Stellungnahme zu erreichen.

Ähnliche Artikel, die sich nur in Details voneinander unterschieden, fand Isabel auch in der Onlineausgabe der *FAZ* und bei *BR 24*. Äußerst zufrieden wickelte sie ein kleines Schweizer Schokoladentäfelchen aus der Silberfolie und steckte es sich genießerisch in den Mund. Dann zog sie das Prepaidhandy aus der Tasche und wählte die einzige Nummer, die sie dort gespeichert hatte.

»Und, sind Sie zufrieden, Frau Direktor?«, fragte eine dunkle Männerstimme.

»Wenn Sie das für mich haben, wonach ich suche, auf jeden Fall.«

»Keine Sorge. Es ist alles da.«

»Gab es irgendwelche Probleme?«

»Nein. Wann und wohin soll ich es liefern?«

Isabel Landauer dachte kurz nach. »Ist die Ware bei Ihnen sicher, Faber?«

»Selbstverständlich. Das war eine überflüssige Frage.«

Sie ignorierte seinen empfindlichen Ton. Der Ex-Soldat und Ex-Detektiv Faber war als freier Securitymann auf nicht legale Aufgaben spezialisiert und Profi durch und durch. Isabel nutzte seine diskreten Dienstleistungen seit Jahren, wenn es darum ging, Konkurrenten und Mitarbeiter auszuspähen, belastendes Material gegen sie zu sammeln und sie damit unter Druck zu setzen. Insgeheim nannte sie ihn ihren Müllmann. »Dann kann das noch ein paar Tage warten. Ich habe einen Anschlussjob für Sie. Wir arrangieren die Übergabe, wenn Sie den erledigt haben.«

»In Ordnung. Worum geht's?«

»Der Fotograf hat vor zwei Jahren in einem kleinen fränkischen Kunstverlag einen Bildband mit dem Titel *Kaffee, bitte!* herausgebracht. Ich möchte, dass Sie die vorhandene Auflage des Buches vernichten und sicherstellen, dass es nicht mehr nachgedruckt werden kann. Der Einmannverlag heißt FKV und befindet sich am Stadtrand von Schwabach.« Wenn das erledigt war, würde sie die letzten noch lieferbaren Exemplare des Buches im Großhandel aufkaufen. Da der Bildband bereits vor zwei Jahren erschienen war, lag er kaum noch in den Buchhandlungen. Nur auf die bereits verkauften Exemplare der kleinen Auflage hatte Isabel keinen Zugriff. Zumindest hatte sie das Risiko maximal minimiert.

»Haben Sie sonst irgendwelche Vorgaben?«

»Die Wahl der Mittel überlasse ich wie immer Ihnen. Je weniger ich weiß, desto besser für mich. Sind Sie mit weiteren fünfzigtausend Euro einverstanden?«

Faber zögerte einen Moment. »Ich denke schon. Sollte sich die Angelegenheit doch als komplizierter herausstellen, müssen wir eben nachverhandeln.«

»Das wird nicht nötig sein. Bis wann haben Sie den Auftrag erfüllt? Schaffen Sie es innerhalb einer Woche?«

»Ich melde mich wieder bei Ihnen.« Faber legte auf.

Isabel nahm den letzten, kalt gewordenen Schluck aus der Espressotasse und runzelte nachdenklich die Stirn.

***

Gerade hatte Isabel eine Sarah-Vaughan-Platte aufgelegt und es sich mit einem Gin Tonic auf ihrem Lieblingssofa bequem gemacht, als ihr Prepaidhandy klingelte.

»Schalten Sie den Fernseher ein. Den *Bayerischen Rundfunk*«, sagte Faber und legte sofort wieder auf.

Sie nahm die Fernbedienung zur Hand. Im *Bayerischen Fernsehen* lief eine Magazinsendung namens *Frankenschau aktuell*. Die Moderatorin redete gerade mit dem Literaturkritiker des Studio Franken über den neuen Bestseller der Bamberger Autorin Tanja Kinkel. Das konnte Faber wohl kaum gemeint haben. Dann leitete die Moderatorin vom Buchtipp zum Nachrichtenblock über, der auch etwas mit der Welt der Bücher zu tun habe. In Schwabach habe es nämlich in den frühen Morgenstunden gebrannt, und zwar beim Fränkischen Kunstverlag.

Jetzt sah Isabel Bilder vom nächtlichen Feuerwehreinsatz. Ein altes Fachwerkhaus und das danebenstehende Gebäude, das der Sprecher aus dem Off als Buchlager bezeichnete, standen lichterloh in Flammen. Mehrere Feuerwehrmänner zielten mit ihren Wasserstrahlen auf den Brandherd, doch kamen sie offenbar wegen der starken Hitze nicht nah genug an das Feuer heran. Dann gab es einen Schnitt, und man sah qualmende Trümmer im Morgengrauen. Die beiden Gebäude waren bis auf die Grundmauern niedergebrannt und einsturzgefährdet. Von einem sichtlich erschöpften Feuerwehrhauptmann erfuhr Isabel, dass das Haus und das

Nebengebäude nicht mehr zu retten gewesen waren. Wenigstens seien aber keine Personen zu Schaden gekommen. Der Verleger und seine Frau befänden sich derzeit auf der Frankfurter Buchmesse. Nachbarn hätten den Brand entdeckt und die Feuerwehr alarmiert. Und ein Polizeisprecher ergänzte, dass sich der Schaden auf über eine halbe Million Euro belaufe. Zur Brandursache konnte er noch nichts sagen. Erst müsse ein Brandsachverständiger der Polizei die Trümmer untersuchen. Es werde in jede Richtung ermittelt.

Isabel schaltete den Fernseher wieder aus und nahm einen großen Schluck von ihrem Gin Tonic. Ihre Oberlippe zitterte leicht. Der Unterschied zwischen Theorie und Praxis war doch eindrucksvoller, als sie gedacht hatte. Aber sie hatte keine Wahl und durfte nicht zimperlich sein. Also straffte sie ihren Rücken, drückte die Schultern durch, atmete tief ein und aus, nahm das Handy vom Tisch und rief Faber an.

»Da haben Sie ja ganze Arbeit geleistet. Musste das so brachial sein?«

»Es sind jedenfalls alle Bücher im Lager vernichtet, und der Verlag ist erst mal am Ende. Das wollten Sie doch. Ich konnte ja schlecht nur die Tanner-Bücher aus dem Lager klauen. Erstens hätte ich dafür zwei Lieferwagen gebraucht und extra Leute anheuern müssen. Und zweitens hätte die Polizei dann bestimmt einen Zusammenhang zu dem Ateliereinbruch hergestellt. Und das möchten Sie ganz sicher nicht.« Faber lachte auf. Es klang irgendwie hämisch, fand Isabel. »Das Feuer war die einfachste und sauberste Lösung. Kein Mensch wird eine Verbindung zu Ihnen herstellen können.«

»Sie haben ja recht, Faber. Sehr gute Arbeit. Wie immer.«

»Dann sollten Sie vielleicht das Honorar erhöhen.«

Der Ton der Direktorin wurde schneidend kalt. »Ich schätze Ihre Professionalität und Ihre Loyalität und bin bereit, noch einmal zehntausend Euro draufzulegen. Ende der Diskussion. Wir sehen uns zur Übergabe heute um dreiundzwanzig Uhr. Und zwar am Treffpunkt zwei.«

Isabel sah auf ihre Breguet-Armbanduhr. Noch fünf Stunden. Dann konnte sie endlich wieder aufatmen.

***

Es war drei Minuten vor dem vereinbarten Zeitpunkt, als Isabel ihren Sportwagen über einen einsamen Waldweg in der Fränkischen Schweiz steuerte. Vor der verwaisten Jagdhütte ihres Mannes sah sie im Mondschein einen dunkelblauen Golf stehen. Sie parkte daneben. Als sie aus ihrem Wagen stieg, löste sich Faber aus dem Schatten der Hütte und nickte ihr zu. Misstrauisch, wie er war, hatte er die ganze Umgebung hier bestimmt schon eine Stunde vorher ins Visier genommen, dachte Isabel.

»Ist Ihnen jemand gefolgt?«, fragte Faber.

»Natürlich nicht.«

Isabel holte den Schlüssel aus ihrer Handtasche, schloss auf, öffnete und ging voran. Faber warf einen letzten Blick über die Schulter und folgte ihr.

»Kalt hier, nicht wahr?« Isabel rieb sich die Hände, die in dünnen Lederhandschuhen steckten. »Aber Sie wissen ja, dass die Hütte nicht mehr benutzt wird.«

»Für die paar Minuten wird es schon gehen.«

»Also ich brauche dringend einen heißen Espresso.« Sie ging in die Küche. »Irgendwo steht hier doch eine Maschine. Möchten Sie auch einen?«

»Meinetwegen«, brummte er, knipste das Licht im Wohnzimmer an, sah sich prüfend um und kontrollierte auch das anschließende Schlafzimmer. Die Hütte war leer.

»Haben Sie das Geld dabei?«

»Sicher.« Isabel kam mit zwei dampfenden Espressotassen aus der Küche. »Wenn Sie die Fotos haben?«

Sie schob ihm eine Tasse hin und setzte sich. Auch Faber nahm Platz und übergab ihr den DIN-A4-Umschlag, den er die ganze Zeit in der Hand gehalten hatte.

Isabel holte im Gegenzug einen prall gefüllten Briefumschlag aus der Handtasche und reichte ihn hinüber. »Das sind sechzigtausend. Zählen Sie ruhig nach.«

Während Faber genau das tat, öffnete sie ihren Umschlag und entnahm ihm das Foto, das sie im *Caffè Florian* zeigte. Eine Welle von Scham und Genugtuung überflutete sie. Scham, weil dieses Foto überhaupt entstanden war, und Genugtuung, weil sie es endlich in Händen hielt. Sorgfältig zerriss sie es in kleine Fetzen und streute diese zurück in den Umschlag, den sie zweimal faltete und in ihre Handtasche steckte. Dann trank sie einen Schluck Espresso, sah Faber direkt in die Augen und fragte: »Haben Sie nicht etwas vergessen? Wo sind die Negative?«

Faber schaufelte einen Löffel Zucker in den Espresso und lehnte sich entspannt zurück. »Ich wusste zuerst nicht, was Sie gegen das Tanner-Foto haben. Nun gut, es ist ein ziemlich treffendes Porträt und nicht gerade schmeichelhaft für Sie. Aber so viel Geld und kriminelle Energie auf die Vernichtung des Fotos zu verwenden, bloß weil Sie in Ihrer Eitelkeit gekränkt sind? Das kam mir spanisch vor. Oder sollte ich besser sagen italienisch?«

Isabel schnaubte zornig. »Was soll das heißen?«

Faber blickte überlegen und rührte in seiner Tasse. »Was für ein Zufall, dass Sie am selben Tag in Venedig waren, als ihr Mann dort einsam in seiner Suite im *Gritti* einem Herzinfarkt erlag. Das kann ja schon mal vorkommen mit

Mitte siebzig, nicht? Und die trauernde Witwe erbt endlich die Firma.« Er legte den Löffel beiseite. »Wie haben Sie das gemacht, Frau Landauer? Barbiturate? Insulin? Gift?«

Isabel fixierte ihn voller Hass. »Wo sind die Negative?« Sie betonte jedes Wort gleich stark.

»Die habe ich hier bei mir.« Er klopfte auf die Brusttasche seines Mantels. »Ich dachte an eine monatliche Zahlung von zehntausend Euro. Das sollte Ihnen mein Schweigen doch wert sein.« Er führte die Tasse zum Mund. Doch dann hielt er inne und sagte grinsend: »Und glauben Sie nicht, dass ich diesen Espresso hier trinke. Ich wette, so haben Sie das auch bei Ihrem Gatten gedeichselt. Was für ein gerissener Tod in Venedig.«

Mit einem Zornesschrei stürzte sich Isabel auf ihn und fegte ihm die Tasse aus seiner Hand, die an der Wand zerschellte. Faber war ebenfalls aufgesprungen und packte Isabel hart an den Armen.

»Cool down!«, zischte er. »Oder wollen Sie als Mörderin ins Gefängnis gehen?«

Isabels Widerstand erlahmte, und sie versuchte wieder Haltung zu gewinnen. »Dann bleibt mir wohl nichts anderes übrig«, brachte sie mühsam hervor.

»Ganz genau.« Faber ging langsam zur Tür. »Und wenn es Ihnen nichts ausmacht, plädiere ich für halbjährliche Zahlungen. Im Voraus. Ich kann mir vorstellen, dass Sie wenig Lust verspüren, mich monatlich zu treffen.« Er tippte galant an die Krempe seines nicht vorhandenen Hutes und verschwand durch die Tür.

Isabel Landauer stand unbeweglich da wie eine Statue und lauschte.

Da peitschte draußen ein Schuss durch die Stille. Und unmittelbar darauf ein zweiter aus derselben Waffe. Sie hörte ein Röcheln und dann, wie etwas Schweres über den Boden geschleift wurde. Eine Autotür wurde geöffnet und kurz darauf wieder zugeworfen. Dann kamen Schritte auf die Hütte zu. Die Haustür ging auf, und im Dunkeln blieb ein Mann stehen.

»Wohin mit der Leiche, Frau Direktor?«

»Vergraben Sie sie irgendwo im Wald, nur nicht hier auf dem Grundstück. Und den Wagen fahren Sie über die Grenze nach Tschechien, parken ihn auf irgendeinem vollen Parkplatz und schrauben die Nummernschilder ab. Dann kehren Sie mit dem Zug wieder zurück, Huber.« Sie ging auf ihren Chauffeur und Bodyguard zu und öffnete ihre Hand. »Den Inhalt seiner Taschen, bitte.«

Huber überreichte ihr eine Brieftasche, einen Schlagring, zwei Handys, die Negative und den Umschlag mit dem Geld. Den Schlüssel für den Golf behielt er bei sich.

Isabel verstaute alles in ihrer Handtasche – bis auf den Umschlag. Den gab sie zurück. »Sechzigtausend Euro. So, wie wir es vereinbart haben für den Fall der Fälle.«

Dann löschte sie die Lichter und sperrte die Hütte ab. Gemeinsam gingen sie zu den beiden Autos. Huber öffnete seiner Chefin die Fahrertür, ließ sie einsteigen und schloss sie sanft. Isabel startete den Motor und lächelte stolz. Nicht nur in der Wirtschaftswelt war es lebenswichtig, immer einen Plan B zu haben. Jetzt konnte sie sich endlich voll auf den Börsengang von DriveTekk konzentrieren. Immerhin hingen von ihrem Verhandlungsgeschick weltweit rund neunzigtausend Arbeitsplätze ab. Also an die Arbeit. Sie legte den Vorwärtsgang ein. Mit einem Knopfdruck ließ sie das Seitenfenster herunter. »Vielen Dank, Huber. Wirklich. Und morgen werde ich Ihre Dienste selbstverständlich nicht brauchen.« Dann fuhr Isabel Landauer in die Dunkelheit davon.

Bernd Flessner
Dou gibbs kan Baggers

Das Türschloss klickte.

Barbara Nüsslein hob ihren Kopf, spitzte die Ohren.

Die Tür knallte ins Schloss, als hätte Barbara ein Fenster zum Lüften geöffnet und ein Luftzug sich des Türblatts bemächtigt.

Aber es war kein Luftzug. Es war Robert, ihr Mann. Seine Tasche schlug wie gewohnt auf den Dielen im Flur auf.

Ungewöhnlich pünktlich war er an diesem Tag.

Barbara seufzte und wendete den Puffer in der blau emaillierten Pfanne, die schon ihre Mutter benutzt hatte. Die Baggerspfanne. Längst stumpf, unansehnlich, mit wackelndem Griff, der sich nicht mehr richtig befestigen ließ, aber noch immer die beste Pfanne.

Die Toilettentür. Das war immer Roberts erste Handlung, wenn er von der Arbeit kam.

Er war ihr Ehemann. Jedenfalls äußerlich. Innerlich war er ein anderer geworden. Lange hatte sie sich diese Veränderung nicht eingestehen wollen, aber irgendwann hatte sie es nicht mehr länger leugnen können. Angefangen hatte es vor nicht ganz zwei Jahren, nach dem Tod seiner Mutter. Vielleicht auch schon früher. Jedenfalls hatte sie die Veränderung seiner Persönlichkeit erst nach dem Tod seiner Mutter bemerkt.

Seine frühere Wärme, seine Sensibilität, sein Mitgefühl. Sie waren in kleinen Schritten verloschen und einer spröden Kälte gewichen. Robert hatte sie eines Tages nicht mehr zum Abschied geküsst, bevor er morgens das Haus verließ. Später hatte er auch die Umarmungen eingestellt und sie schließlich kaum noch beachtet. Aus der Geliebten und Freundin, der Ehefrau und Mutter seiner Söhne, war eine Putzfrau und Köchin geworden. Schleichend, stetig, unumkehrbar. Sosehr sie sich auch bemüht hatte, ihr war es nicht gelungen, den Prozess zu stoppen. Als sie ihn schließlich eines Tages zur Rede gestellt hatte, war er förmlich explodiert. Danach war der Bruch noch tiefer geworden.

Neue Freunde hatte er nach und nach auch gefunden. Das hatte ihr Herbert berichtet, einer seiner Arbeitskollegen, der seit einem halben Jahr ihrer Wohnung fernblieb. Vorher war Herbert eine Art Stammgast gewesen. Robert war aus der betrieblichen Kegelgruppe ausgetreten und hatte sich einen neuen Tisch in der Kantine gesucht. Mit seinen Kollegen wechselte er kaum noch ein Wort. Dafür traf er sich regelmäßig mit zwei Fahrern einer der Speditionen, die für seine Firma arbeiteten. Sonderbare Vögel, wie Herbert gemeint hatte. Sonderbare Vögel. Was immer er darunter verstand.

Weihnachten hatte er sie zum ersten Mal geschlagen. Ohne zuvor auch nur einen Tropfen getrunken zu haben. Immerhin hatte er sich noch entschuldigt. Die Hand sei ihm ausgerutscht. Es sei nicht so gemeint gewesen und alles ganz anders.

War es aber nicht.

Rückblickend kam es ihr vor, als hätte er damals nur geübt, als wäre damit ein Damm gebrochen, eine Schwelle überschritten. Der nächste Schlag war gleich Anfang Januar gefolgt, als sie den Baum abgeschmückt hatte. Wegen einer zerbrochenen Kugel, der letzten, die aus den Beständen seiner Mutter stammte. Kein kräftiger Schlag, jedoch diesmal ohne Entschuldigung. Er war auf einem neuen Weg angelangt und wurde schnell wortkarger, reizbarer und aggressiver. Sein Gang, seine Gesten, seine Blicke spiegelten diesen Wandel wider. Er war ein anderer geworden, fast wie in einem dieser Filme, in denen Aliens menschliche Körper übernehmen. So kam es ihr manchmal vor. Nur dass es keine Aliens waren.

Robert hätte sich in Behandlung begeben müssen. Sicher. Aber wer hätte ihn dazu bringen sollen? Sie bestimmt nicht. Schon das Aussprechen des Worts »Behandlung« wäre ein nicht zu unterschätzendes Risiko gewesen. Außerdem war er nicht verrückt geworden, sondern nur ein anderer Mensch. Der Rest war ja geblieben. Er ging nach wie vor zur Arbeit, fehlte nie, trank kaum etwas, verprasste kein Geld.

Sie hatte sich arrangiert, ohne sich daran gewöhnt zu haben. Ihre Suche nach Alternativen war bislang fruchtlos gewesen. Der oft zitierte Weg zurück zur Mutter war ihr verwehrt, denn ihre Mutter lebte alt und dement in einem Heim. Und ihre Söhne hatten ihre eigenen Leben, die sich zudem auch noch in anderen Ländern abspielten. Wenn sie zu Besuch kamen, mutierte Robert zum Schauspieler, um nach der Abreise seine Rolle abrupt wieder aufzugeben. Seine Leistung war zwar bescheiden, reichte aber aus, um ihre Söhne zu täuschen. Vielleicht ahnten sie sogar etwas. Oder sie ignorierten die Anzeichen der Veränderung, schoben sie auf seine schlechte Laune, gesellten sich zu den drei bekannten Affen.

Sie schwamm, wusste nicht, wie es weitergehen sollte, rang immer wieder mit sich, versuchte, sich noch besser anzupassen, ihm keine Angriffsfläche zu bieten, kämpfte sich durch ihre Welt, deren Herrscher indes Robert war.

Die Toilettentür.

Sie füllte Teig für einen weiteren Puffer in die Pfanne.

Die Küchentür.

Sie schwieg, drehte sich nicht um.

»Schon wieder Baggers? Gab es doch erst vorgestern.«

»Vor zwei Wochen«, antwortete sie leise.

»Blödsinn!«

»Gut, vorgestern«, gab sie nach.

»Sag ich doch. Post?«

»Nur ein Brief von einer Versicherung.«

»Die wollen bloß wieder Geld. Alles Aasgeier und Blutsauger. Wo ist der Brief?«

»Liegt auf der Anrichte.«

Barbara drehte sich um. In der Tür stand ihr Mann, Mitte fünfzig, fast kahl, schlank, drahtig, mit ausgeprägten Wangenknochen und einem Blick, den sie nicht beschreiben konnte.

»Was ist?«, fuhr er sie an. »Was starrst du mich an?«

»Nichts. Der Brief liegt auf der Anrichte.«

»Hast du schon gesagt. Wann gibt's Essen?«

»In einer Viertelstunde.«

»Beeil dich. Ich muss gleich wieder los. Ist ein Bier kaltgestellt?«

»Steht im Kühlschrank.«

Robert verschwand aus der halb geöffneten Tür wie eine mechanische Puppe. Barbara wischte sich mit dem Handballen durchs Auge und wandte sich wieder der Pfanne zu. Die Baggers müssten nun reichen. Apfelmus war auch genug da. Robert liebte Apfelmus. Süßes Apfelmus. Jedenfalls hatte er es früher geliebt. Sie zog Räucherlachs vor. Lachs und Zwiebeln.

Robert rief Unverständliches aus dem Wohnzimmer. Wahrscheinlich hatte er den Brief gefunden. Und wahrscheinlich war es halb so schlimm. Aber er machte aus jeder Mücke einen Elefanten.

Ein sonderbares Klirren. Er musste etwas zerschlagen haben. Sie zählte die Baggers auf dem Teller. Auf keinen Fall durfte sie ins Wohnzimmer gehen und nachsehen. Er würde sich schon wieder beruhigen. Sechs Baggers. Vielleicht sollte sie doch noch einen backen. Teig hatte sie ja genug.

Geräusche aus dem Wohnzimmer.

Schubladen.

Er suchte etwas, fluchte, schimpfte.

Fast hätte sie geschmunzelt. Ihr Mann war ein schlechter Sucher.

Eine Schranktür klatschte zu.

Dann wurde es still.

Er war wohl fündig geworden.

Endlich. Sie atmete tief durch und schloss kurz ihre Augen.

Als sie den letzten fertigen Puffer auf die anderen gelegt hatte, fiel ihr die Stille auf. Es war kein Geräusch, kein Laut zu hören. Ganz so, als müsste sie sich der Stille fügen, stellte sie die Pfanne so leise wie möglich zurück auf den Herd.

Lauschte.

Es war nur ein kurzes Aufblitzen. Eine Spiegelung im polierten Stahl des großen Topfes, der hinter der Pfanne auf dem Herd stand. Ein verzerrtes Bild von ihrem Mann, das seine ohnehin schon großen Augen noch größer erscheinen ließ. Aber nur für eine unendlich lange Sekunde, in der sie zu erfassen versuchte, was er in seiner Hand hielt.

Barbara schrie nicht auf, sie trat nur zur Seite, trat neben den Herd und somit hinter den kleinen Küchentisch. Erst jetzt drehte sie sich um. Vor ihr, auf der anderen Seite des Tisches, stand ihr Mann, erstarrt in der Bewegung, ein Messer in der Hand. Kein Messer aus ihrem Haushalt, ein fremdes. Er musste es mitgebracht haben.

Sein Blick ließ keinerlei Zweifel an seiner Absicht zu. Barbara öffnete ihren Mund, schwieg dann aber. Es hatte keinen Sinn. Sie kannte ihren Mann. Ihren neuen Mann.

Sie sah sich um. Ihr kleines Küchenmesser, mit dem sie die Kartoffeln geschält hatte, lag auf der Arbeitsplatte gut zwei Meter von ihr entfernt. Weiter kam sie mit ihren Gedanken nicht, denn Robert löste sich aus seiner Starre, setzte sich in Bewegung, fixierte ihre Augen, schlich am Tisch entlang. Barbara wich zurück, behielt ihn im Auge, sah immer wieder auf den Tisch, der zwischen ihr und ihm stand.

Die Tür. Sie musste die Tür erreichen. Vielleicht konnte sie sich im Bad einschließen und telefonieren. Ihr Handy steckte in der Tasche ihrer Küchenschürze. Es jetzt zu benutzen war Selbstmord. Sie durfte ihn nicht aus den Augen lassen. Er schlich weiter, hatte das andere Ende des Tisches erreicht. Sie näherte sich der halb geöffneten Tür, schielte zum Türblatt, in den Flur.

Robert blieb stehen und sah kurz zur Tür. Sein starrer Blick verwandelte sich für einen Moment in ein giftiges Grinsen. Er hatte ihren Plan durchschaut und trat den Rückzug an. Auch Barbara musste nun zwei Schritte machen, weg von der Tür, zurück zum Herd.

Robert wog weiterhin das Messer in der rechten Hand, mit der linken griff er an die Tischplatte. Sie zu überwinden war nicht leicht, der Tisch war schwer. Er versuchte vielmehr, ihn zu verschieben, um seiner Frau den Weg zu versperren. Die Füße des Tisches reagierten mit einem quietschenden Geräusch. Als würde man Kreide über eine Tafel ziehen, nur etwas dumpfer. Der Durchgang zwischen Tisch und Herd verringerte sich langsam. Robert grinste mit entschlossenem Blick.

Der Hocker.

Er stand wie immer unter dem Tisch. Barbara nutzte ihn für die Küchenarbeit. Er war bequemer als die großen Stühle. Sie taxierte den Abstand und trat gegen einen der vier Metallfüße. Der Hocker kippte um und hüpfte Robert vor die Füße, traf ihn aber nicht. Dafür stieg er unabsichtlich in ihn hinein, zwischen die Beine, und kam aus dem Tritt.

Barbara stürmte los, passierte den Tisch und hatte die Tür im Visier. Blitzartig drehte sich ihr Mann um und holte aus. Aber sein rechtes Bein hatte sich mit den Beinen des Hockers liiert. Roberts Ausfallschritt misslang, er verlor das Gleichgewicht, jonglierte kurz das Messer und fiel der Länge nach hin. Das Messer steppte zweimal auf den Fliesen und glitt anschließend zum Fenster.

Barbara machte schnelle Schritte, kam aber nicht weit. Irgendwie war es Robert gelungen, mit der linken Hand einen Zipfel ihrer Schürze zu erwischen. Sie taumelte, verlor den Boden unter den Füßen und landete neben ihm auf den Fliesen. Dass sie dabei nicht die Tischkante erwischte, war pures Glück. Dafür hagelte es Teller, Besteck, Gläser und Baggers.

Kaum lag sie auf dem Boden, spürte sie seine Hand an ihrer Kehle. Und sie hörte einen Schrei. Ein Schmerzensschrei. Die Hand lockerte ihren Griff, der Schrei wurde zum Stöhnen. Robert musste sich beim Sturz verletzt haben. Die Hand an ihrem Hals, das merkte sie erst jetzt, war seine linke, sein rechter Arm lag in einer unnatürlichen Haltung neben seinem Körper.

Barbara versuchte sich zu befreien, aber die riesige Männerhand ließ sie nicht gehen, drückte wieder kräftiger zu, während sie zappelte, mit den Füßen trat und mit ihren Armen fuchtelte. Dafür setzte er sein Stöhnen fort.

Ihre linke Hand erwischte etwas Warmes, Weiches. Baggers. Mindestens drei oder vier Stück. Ohne zu überlegen, packte sie zu, drehte sich, wand sich und stopfte die Baggers in seinen stöhnenden und weit geöffneten Mund. Dann drückte sie zu, legte ihre ganze Kraft in ihre Hand, in ihren Arm. Das Stöhnen wich einem fast gurgelnden und dann wieder pfeifenden Geräusch. Doch sein Griff löste sich nicht, ließ ihr kaum noch Luft. Auch kräftige Fußtritte konnten daran nichts ändern. Nach intensivem Gezappel gelang es ihr schließlich doch, ihr Gewicht mehr und mehr auf ihn zu verlagern. Jetzt endlich verlor seine Hand an Kraft, konnte sein Arm die Position nicht mehr länger halten. Dafür robbte sie auf seinen Bauch und presste die Baggers mit bislang ungeahnten Kräften auf seinen Mund und seine Nase. Ein paarmal traf er sie mit seiner schweren Hand, aber sie ließ nicht von ihm ab. Blaue Flecken waren nichts Ungewohntes. Sie war mit den Schmerzen vertraut. Und sie hatte keine Wahl.

Robert wehrte sich, aber sein rechter Arm war anscheinend ausgekugelt, seine Beine konnte er nicht von denen des Hockers lösen.

Die warme Masse aus Kartoffeln, Ei und Quark quoll zwischen ihren Fingern hervor. Der Rest steckte in seinem Mund und seiner Nase, wo er blieb, bis sich Robert nicht mehr rührte. Das dauerte zähe, nicht enden wollende Sekunden. Oder waren es Minuten? Sie wusste es nicht, ihr Zeitgefühl war ihr abhandengekommen. Selbst als seine linke Hand auf den kalten Fliesen lag und seine Muskeln erschlafften, presste sie die Baggers in ihn hinein. Noch immer hatte sie Angst, wagte nicht, die Hand zu heben, presste und drückte weiter, bis sie nicht mehr konnte.

Sie rollte sich zur Seite, stieß sich am Tischbein, blieb keuchend und zitternd liegen. Roberts Gesicht war unter dem Hügel aus Baggersmatsch kaum zu erkennen, lediglich die Augen hatte es nicht erwischt. Der Blick war nicht mehr starr, nicht mehr diabolisch, sondern sanft und friedlich.

So verharrte sie eine Weile, inspizierte die Decke, die Spinnweben, die Fliegen, bis ihre Lebenskräfte zurückkehrten. Sie stand auf, sah sich den Toten an und spürte kein Mitleid. Im Gegenteil, eine Last fiel von ihr ab, ein Dämon, ein Fluch. Fast zwei Jahre vergeblicher Mühe waren zu Ende, auch wenn dieses Ende ein tödliches war. Aber es war nicht ihr Ende. Nur das zählte.

Sie musste die Polizei anrufen.

Nach einem tiefen Atemzug holte sie das Handy aus der Schürzentasche und wählte. Ihre Hände zitterten nicht mehr, ihre Stimme klang fast ruhig. Sie sagte ihren Namen, gab die Adresse an und schildete mit wenigen Worten den Vorfall. Dabei hörte sie sich selbst zu wie einer Fremden.

Jetzt musste sie warten. Es würde dauern, hatte der Mann gesagt. Sie ging ins Bad und betrachtete ihr Gesicht, das blauer war, als sie befürchtet hatte. Dafür würde kein Ermittler an ihrer Notwehr zweifeln.

Die Küche sah schlimmer aus als die Räume, die der Tatortreiniger im Fernsehen zu säubern hatte. Aber sie ließ alles so, rührte nichts an, setzte sich auf den letzten aufrechten Stuhl. Ein Gefühl von Freiheit keimte in ihr auf. Eine andere Bezeichnung fand sie nicht. Freiheit. Sie konnte nun machen, was sie wollte. Allerdings wusste sie noch nicht, was sie wollte. Auf diese Entwicklung war sie nicht vorbereitet gewesen.

Ein kurzer Blick auf die Uhr.

Plötzlich spürte sie ihren Magen. Zu ihrer eigenen Verblüffung verlangte er nach Nahrung, knurrte leise, aber mahnend, verstand nichts von dem, was passiert war, ignorierte den Toten auf den Fliesen. Barbara zögerte, gab dann aber doch nach. Teig war noch genug da, die Pfanne, deren mögliche Verwendung als Waffe ihr erst jetzt in den Sinn kam, stand noch auf dem Herd. Kopfschüttelnd machte sie sich an die Arbeit, stellte die Herdplatte an, rührte den Teig noch einmal durch und beschickte die Pfanne. Baggers hatte sie schon immer gerne gegessen. Nur nicht mit Apfelmus. Das würde es auch nie mehr geben. Ihren Lachs musste sie von nun an nicht mehr im Kühlschrank verstecken, Zwiebeln waren genug da, Kren auch.

Noch bevor die Polizei und der Notarzt eintrafen, hatte sie ihre Baggers gegessen. Die besten seit Jahren.

Petra Nacke
Tonic Nummer 3

Draußen begann es dunkel zu werden. Nicht mehr lange bis zur Blue Hour, der Blauen Stunde, der kurzen magischen Zeitspanne zwischen Sonnenuntergang und Nacht, wenn das Licht nur noch aus kühlen Tönen besteht und die Geräusche des Tages sanfter werden, wie durch eine unsichtbare Watteschicht gedämpft. Das ist die Stunde des Cocktails, des Longdrinks.

Tom kannte sich aus. Alles hier war ihm so vertraut, als hätte er die Bar gestern Nacht zum letzten Mal abgesperrt – seine Bar, sein *Ginmania*. Dabei lag das schon lange zurück. Ganze zwei Jahre hatte es gedauert, bis er jetzt wieder hinter seinem Tresen stand. Heimlich. Wie ein Dieb in der Nacht.

Er hatte Pech gehabt. Das war nicht seine Schuld, natürlich war es nicht seine Schuld. Er hatte sich voll reingehängt. Das *Ginmania* war sein Leben. *Ginmania*, das hieß Gin Tonic in vielen Variationen, und wer was anderes wollte, sollte eben eine andere Bar besuchen.

Reine Gin-Tonic-Bars gab es schon, in Berlin, Hamburg oder München, und die Leute standen sich die Füße platt, um reinzukommen. Aber hier lief es zäh. Dann noch die Sache mit dem Ordnungsamt und die Baustelle direkt vor der Tür – keine Parkplätze über Monate.

Den Todesstoß hatte ihm aber Sophie versetzt. Ein Jahr lang hatte sie hinter ihm gestanden und hinter dem schwarzen Marmortresen. Sie sah super aus, konnte gut mit Leuten und arbeitete mehr oder weniger gratis. Sie hatte den

Laden geschmissen, sodass er sich voll und ganz aufs Mixen konzentrieren konnte. Er hatte über sechzig verschiedene Gins im Angebot. Von klassischen London Drys über diverse Old Toms bis hin zu den raffiniertesten Compounds, die er zum Teil selbst angesetzt hatte. Dazu gab es ausschließlich hauseigenes Tonic Water. Es hatte gedauert, bis er den Dreh raushatte. Das lag unter anderem an der Dosierung des Chinins. Chinin war nicht ohne. Man musste vorsichtig damit umgehen, sonst konnte es verheerende Folgen haben, Magenkrämpfe waren noch die harmlosesten.

Und dann, als es langsam anfing zu laufen, setzte Sophie ihn unter Druck. Als wäre da nicht schon genug Druck gewesen. Er war nun mal nicht bereit für ein Baby. Er hatte schon eins. Das *Ginmania*. Das hätte sie kapieren müssen. Hatte sie aber nicht.

Angewidert ließ Tom seinen Blick über die Regale hinter der Bar wandern. Die stammten noch aus seiner Zeit. Dezent beleuchtete Glasböden an einer raumhohen Spiegelwand, vor der sich die Reihen der Flaschen mitsamt ihrem im Licht glitzernden Inhalt zu verdoppeln schienen. Die Regale gefielen ihm immer noch, hatten Klasse. Ganz im Gegensatz zu dem, was darin stand.

Als wäre es ein verdorbenes Stück Fleisch, griff Tom nach einer Flasche Gin. Dieses Zeug hätte er nicht mal zum Putzen des Spülbeckens benutzt, geschweige denn es zum Mixen verwendet. Sein Nachfolger hatte zwar den Namen der Bar übernommen, nicht aber ihre Seele.

Die Wut war wieder da. Jetzt, hier an diesem Ort, der ihm einmal so viel bedeutet hatte, war die Wut wieder da, wie am ersten Tag. Und am zweiten. Und an so vielen danach. Sophie hatte ihm das Messer in den Rücken gestoßen und alles kaputt gemacht, wofür er gelebt hatte.

Die verdammten Barhocker hatte sie ausgesucht. Er trat mit voller Wucht zu, und es schepperte metallisch, als zwei der Hocker auf dem Boden aufschlugen.

»Alles okay, Baby?« Tom fuhr herum. Für einen Moment hatte er gemeint, Sophies Stimme zu hören. Aber es war Nina. Seine Nina. Sein Schmetterling.

Sie trug wieder so ein Nichts von Kleid wie an ihrem ersten Abend vor wenigen Wochen an der Hotelbar. Sie hatte davor gesessen, er dahinter gestanden und Drinks für die Gäste gemixt, meist Geschäftsleute auf der Durchreise. Nina fiel auf, und das nicht nur, weil sie die spärliche Frauenquote deutlich erhöhte. Sie wirkte wie ein Schmetterling in der Wüste. Natürlich sahen das die anderen Männer auch, Männer, die es gewohnt waren, dass sich schöne Schmetterlinge auf ihre Hände setzten. Aber sie hatte allen nur ihre schönen nackten Schultern gezeigt und sich ihm zugewendet. Ausgerechnet ihm. Dem Barkeeper.

Sie bestellte einen Gin Tonic, erzählte, dass sie erst vor Kurzem wieder nach Nürnberg gezogen sei, vorher einige Jahre in London gelebt und dort auch ihre Leidenschaft für Gin und vor allem für Tonic entdeckt habe.

Tom wusste sofort, dass sie die Richtige war und seine Pechsträhne nun ein Ende haben würde. Nina setzte alles daran, ihn darin zu bestärken.

Die Zeit nach ihrer ersten Begegnung war wie ein Rausch. Sie zogen durch unzählige Bars, machten Landausflüge ins Nördlinger Ries und in die Fränkische Schweiz. Tom zeigte Nina kleine Brennereien, die neben ihren klassischen Obstbränden auch Gins herstellten, Raritäten, die es nur in begrenzten Mengen gab. Jeder Gin ein eigener, unverwechselbarer Charakter und das Ergebnis langen Ausprobierens und handwerklicher Meisterschaft. Und immer wieder mixte er für sie.

Natürlich erzählte er ihr auch vom *Ginmania*, das er nach seiner Pleite nicht mehr betreten hatte und auch nicht plante, es jemals wieder zu tun. Allein der Gedanke daran erfüllte ihn mit einer Mischung aus Frust und Wut. Nina kannte die Bar, war nach ihrer Rückkehr sogar ein paarmal drin gewesen, weil eine Bekannte von ihr dort jobbte.

Sie hatte ihm erzählt, wie schlecht das *Ginmania* unter dem neuen Pächter laufe, wie mies die Drinks dort seien und dass es nur noch eine Frage der Zeit sei, bis der Laden dichtmachen müsse. Sie hatte ihm in blühenden Farben einen Neustart ausgemalt – jetzt, wo die Zeit auch hier reif war für erstklassigen Gin Tonic.

Es war Ninas Idee gewesen, das Tasting im *Ginmania* zu machen, sie redete ständig davon, schien geradezu besessen. Den Schlüssel würde sie von ihrer Bekannten bekommen, alle Zutaten könnten sie selbst mitbringen, hinterher abspülen, aufräumen und zusperren. So, als wären sie nie da gewesen. Die Bekannte habe lediglich darum gebeten, die Fenster abzudunkeln. Action im *Ginmania* am einzigen Ruhetag der Bar könnte die Stammgäste auf dumme Gedanken bringen. Schließlich hatte er sich breitschlagen lassen.

»Schatz? Wir müssen langsam die Fensterläden schließen, sonst können wir kein Licht anmachen!«

Sie lächelte ihm zu, als sie die altmodischen Fensterläden aus schwerem Eichenholz mit den schmiedeeisernen Riegeln von außen verschlossen. Der Abend roch schwer nach Sommer, leicht nach Asphalt und, da war Tom ganz sicher, hundertprozentig nach Erfolg.

»Komm!« Nina hatte die Arme um seinen Nacken gelegt und drängte ihn mit sanften Bissen in den Hals zurück in die Bar. Ihre Haut duftete nach Salz, Sonne und irgendetwas Wildem, das er nicht zuordnen konnte. Vielleicht war es diese rätselhafte Zutat an ihrem Duft, an ihrem Wesen, die ihn so erregte, ein innerliches Kribbeln auslöste und ihm endlich wieder das Gefühl gab, ein lebendiger Mensch zu sein. Er wollte leben. Und er wollte sie vögeln, wollte das Leben vögeln und fliegen, wie er früher einmal geflogen war.

»Das heben wir uns für später auf, Baby«, flüsterte Nina und hauchte ihm einen Kuss auf die Lippen, »ich will die Platte mit dem Fingerfood noch ein bisschen hübsch machen. Wir wollen deine Gäste doch verwöhnen.«

Tom erwartete nur vier Gäste, aber von denen versprach er sich eine Menge. Da war zunächst Robert Behringer, Gastrokritiker und Mitglied der englischen Gin-Gilde. Tom mochte ihn nicht sonderlich, aber erstens war Behringer ein absoluter Profi, wenn es um Spirituosen ging, und zweitens veröffentlichte er in allen wichtigen Fachmagazinen. Dann hatte Tom natürlich das Ehepaar Fischer eingeladen. Horst Fischer war ein erfolgreicher Anlageberater mit besten Kontakten zu Risikosponsoren und anderen interessanten Geldgebern. Fischer wusste, wie man Geld beschafft, und seine Frau Nadja wusste, wie man es ausgibt. Ihre VIP-Partys waren legendär. Wer dazu eingeladen wurde, hatte es auf seinem Gebiet geschafft. Dummerweise hielt sich Nadja darüber hinaus für eine begnadete Schriftstellerin und sämtliche Pressevertreter, die sich darin überboten, ihre albernen Kriminalromane genüsslich zu verreißen, für Ignoranten. Und dann war da noch Anja Kirschner, die in der gesamten Bar-Szene nur Cherry genannt wurde. Cherry stammte zwar aus Franken, war aber nur noch selten hier.

Die meiste Zeit trieb sie sich in den angesagtesten Bars zwischen Berlin, Paris und London herum. Ihren aufwendigen Lebensstil finanzierte sie über Werbeanzeigen in ihrem Internetblog, wo sie alles anpries, was ihre zahlreichen, überwiegend weiblichen Follower interessierte: Make-up, Mode, Männer und Szeneschuppen.

»Untersteh dich, diese Cherry anzubaggern!«, knurrte Nina und hob demonstrativ das Messer, mit dem sie gerade eine Orange filetierte.

»Keine Angst, Baby. Die würde ich nicht mal mit der Eiszange anfassen«, grinste Tom und zwinkerte ihr zu.

In Wahrheit hatte er Cherry schon ein paarmal im Bett gehabt, auch in der Zeit, als er noch mit Sophie zusammen war, und sogar noch nach seiner Pleite. Die kleine Cocktailkirsche schien wirklich auf ihn zu stehen. Geschlafen hatte er auch mit Nadja Fischer, aber entscheidender schien zu sein, dass er einige ihrer elend langweiligen Lesungen besucht und ihr damit wohl das Gefühl gegeben hatte, ihr einfältiges Gekritzel zu mögen. Wichtig war jetzt nur, dass sie heute ihren Mann mitbrachte. Und weil die Fischers kamen, hatte sich auch Behringer nicht lang bitten lassen.

Alle waren mehr oder weniger pünktlich, sodass sie nach der Begrüßung und dem Austausch einiger Höflichkeitsfloskeln wie geplant um halb zehn mit dem Tasting beginnen konnten.

Zum Auftakt erklärte Tom seinen Gästen die Kunst, den jeweiligen Gin mit dem exakt passenden Tonic zu kombinieren. Denn selbst den edelsten Gin könne man ruinieren, wenn man ihn mit dem falschen Filler mixte. Aus diesem Grund würde er sein Tonic Water von jeher selbst herstellen.

»Und wie ist es mit dem Gin?«, wollte Nadja wissen, deren rotes Seidenoberteil eindeutig zu tief ausgeschnitten war.

»Gin ist was für Könner«, dozierte Behringer gewichtig, »aber leider kann ihn im Prinzip jeder Trottel herstellen. Man nimmt Neutralalkohol, kippt ein paar Aromen rein und fertig. Ich wurde in den letzten Jahren immer wieder mit derart billigen Geschmacksverirrungen konfrontiert.«

»Aber das ist ja unerhört! Kann man denn …«, begann Nadja, wurde aber von ihrem Mann unterbrochen. Horst Fischer hatte keine Lust auf diesen Abend und war lediglich von seiner Frau dazu überredet worden. Er wollte das Tasting so schnell wie möglich hinter sich bringen und dann nach Hause.

»So einen Fusel werden Sie uns heute hoffentlich nicht servieren!« Fischer schaute Tom mit strengem Blick an.

Als Antwort baute Tom die fünf Gins für die Verkostung vor seinen Gästen auf. Den Tonic mit der Nummer 1 auf dem Bügelverschluss hatte er vorher schon in den großen, halbrunden Champagner-Kühler auf der Bar gestellt.

»Oh, da ist ja auch ein Sloe Gin dabei! Wie lieb von dir!« Cherry warf Tom einen vielsagenden Blick zu, der auch Nina nicht entgangen sein konnte. Aber Tom interessierte sich vielmehr für die Reaktion des Fachjournalisten. Behringer hatte seine Brille auf die Stirn geschoben, studierte aufmerksam die Etiketten und nickte anerkennend.

»Nein, das sieht ganz und gar nicht nach Fusel aus. Vor allem auf diesen Old Tom aus dem Fass bin ich neugierig.« Er deutete auf eine schlanke, hohe Flasche mit goldfarbenem Inhalt. »Womit werden wir anfangen?«

»Ganz klassisch mit einem London Dry Gin aus Dresden«, sagte Tom, und der Stolz in seiner Stimme über das

Lob des Kritikers war nicht zu überhören. »Nina, kannst du für die erste Runde bitte Eis in die Gläser füllen!«

»Gerne, mein Liebster.«

Der erste Drink wurde gereicht. Man trank. Andächtiges Schweigen. Nur Cherry musste husten. Horst Fischer beobachtete Behringer, dessen hochkonzentrierte Miene ihm zwar übertrieben vorkam, trotzdem in gewisser Weise imponierte. Nadja nippte geziert und fixierte Nina mit eisigem Blick.

»Und?«, fragte Tom gespannt.

»Überaus interessant«, murmelte Behringer mit halb geschlossenen Augen. »Ich kenne diesen Gin, ein absoluter Klassiker. Aber man bekommt ihn leider selten.«

»Streng limitierte Auflage«, bestätigte Tom, »umso ärgerlicher, wenn er mit dem falschen Tonic serviert wird. Dieser extrem knackige London Dry braucht unbedingt einen Gegenpol, ein leichtes, fruchtiges Indian Tonic Water.«

»Ich meine Bergamotte rauszuschmecken«, Behringer nahm noch einen Schluck, »aber da ist noch etwas anderes?«

»Eisenkraut«, half Tom, »das gibt eine schön stumpfe Säure.«

»Ich mag es lieber süß«, maulte Cherry, aber niemand beachtete sie.

»Eine reelle Angelegenheit«, konstatierte Fischer und betrachtete interessiert die Flasche. Er schien sich etwas entspannt zu haben. »Limitierte Auflage also? Sehr interessant. Wäre sicher auch was als Präsent für Geschäftskunden, was meinst du, Schatz?«

Nadja zuckte gelangweilt mit den Schultern und fixierte erst Nina, die mit einem Tablett aus der Küche kam, dann Tom. »Für mich hat er einen etwas billigen Beigeschmack.«

Tom roch den Braten. Er ärgerte sich über Nina, die gerade charmant lächelnd eine Platte mit dekorativ angerichtetem Fingerfood auf die Bar stellte. Nicht nur, dass sie die Bitterorangen zu Hause vergessen hatte, ohne die er den Sloe Gin unmöglich servieren konnte, nein, sie musste ihn auch noch mit »mein Liebster« anreden und hatte Nadja damit sichtlich verärgert. Cherry war kein Problem, die nahm es mit ihren Liebhabern selbst nicht so genau. Aber Nadja schien sauer zu sein, und das konnte er überhaupt nicht gebrauchen. Hier half nur Schadensbegrenzung, und das ging am leichtesten mithilfe von Nadjas neuestem Werk: *Das Geheimnis der Todesnonne*, ein Historienkrimi, durch dessen dünne und dümmliche Handlung er sich buchstäblich hatte quälen müssen. Jetzt lobte er die *Todesnonne* in den höchsten Tönen und beendete seinen Sermon mit: »Die *Todesnonne* ist das beste Buch, das ich in letzter Zeit gelesen habe.«

Das stimmte sogar. Tom las nichts außer Artikeln in Fachmagazinen und seinen E-Mails. Cherry gähnte, Fischer grinste wissend, und Behringer hüstelte peinlich berührt. Nur Nadja strahlte und legte sofort los. Über die Hintergründe der *Todesnonne*, über die Lesungen, bei denen das Buch hervorragend ankomme, über ihre Pläne für die Buchmesse im Herbst und so weiter. Ein endloser Nadja-Fischer-Monolog. Behringer biss hart in ein Lachsschnittchen, und es war offensichtlich, dass er lieber Nadja den Kopf abgebissen hätte.

»Wir sollten mit der zweiten Runde beginnen!«, sagte Horst Fischer entschlossen. Tom warf ihm einen dankbaren Blick zu.

Es gab einen Dry Gin aus dem oberfränkischen Igensdorf – 45 Prozent Alkohol, 22 Botanicals und als Basis ein mehrfach destillierter Apfelbrand. Nina hatte Tonic Nummer 2 im Kühler drapiert und wie zuvor Eiswürfel in die Gläser verteilt. Tom füllte mit Gin und Tonic auf und garnierte die Drinks mit einem Limettenscheibchen. Er hob sein Glas und prostete den anderen zu. Man trank und spürte den vielen Aromen nach, die sich langsam im Mund entfalteten. Cherry reckte ihren Daumen in die Höhe, auch die Fischers schienen zufrieden, nur Behringer fand die Mischung eine Spur zu fruchtig. Dann bemerkte er, wie Nina mit einem Schlüssel in der Hand Richtung Tür ging.

»Sie verlassen uns, meine Liebe?« In seiner Stimme lag aufrichtiges Bedauern.

»Ich hab etwas Wichtiges vergessen«, sagte Nina und warf Tom einen zerknirschten Blick zu, »bin aber in ein paar Minuten wieder da.«

Tom holte ein neues Tablett mit Fingerfood aus der Küche und stellte es auf die Bar. Während seine Gäste sich bedienten, bereitete er die dritte Runde vor, von der er sich besonders viel versprach. Nicht nur Behringer, auch er selbst freute sich auf den im Bourbonfass ausgebauten, goldfarbenen Old Tom Gin aus Michigan. Als Filler dazu nahm er seinen persönlichen Favoriten: Tonic Nummer 3, ein dezentes, elegantes Tonic Water mit feinperliger Kohlensäure, das die zarten Aromen dieses erstklassigen Gins exzellent hervorheben würde.

Man schaute, roch erst mit dem einen, dann mit dem anderen Nasenloch, nahm den ersten Schluck, ließ ihn eine Weile auf der Zunge hin- und hergleiten und erst dann durch die Kehle rinnen. Behringer nahm sofort einen weiteren Schluck. Cherry verdrehte genießerisch die Augen, und das Ehepaar Fischer nickte Tom anerkennend zu. Man stieß noch einmal an, trank, lachte.

Die Stimmung hatte sich schlagartig aufgehellt, das merkte Tom deutlich. Auch von ihm war alle Anspannung abgefallen. Er fühlte sich großartig wie schon lange nicht mehr. Sein Herz schlug stark und schnell, das Adrenalin schoss durch seinen Körper wie ein heißer, kräftiger Strom. Alle Zweifel am Gelingen dieses Abends waren wie weggeblasen. Er war ein Macher, ein Könner. Er war ein Meister seines Fachs. Er würde diese Stadt erobern, danach Berlin, London, New York. Er konnte alles schaffen. Er würde es allen zeigen! Tom prostete seinen Gästen erneut zu, schillernd klirrte das Eis in den Gläsern. Die Fischers lachten immer noch. Worüber? Egal.

Tonic Nummer 3 prickelte hell auf seiner Zunge, schien den Gin auf spritzigen Wellen zu tragen. Tom schmeckte die unterschiedlichen Aromen wie noch nie zuvor – Wacholder, Holz, Vanille, ein Hauch Kardamom, das elegante Bitter des Chinins, Bergamotte und Limettenschale und ... etwas, das ihm vorher nicht aufgefallen war. Er nahm einen weiteren Schluck. Was war das? Es schmeckte leicht seifig, wie ein missglücktes Destillat. Tom goss etwas von dem Gin in ein frisches Glas und probierte ihn pur. Er schien vollkommen in Ordnung zu sein.

»Hey, ich will auch noch was von dem geilen Zeug!«, krähte Cherry, und Tom schenkte ihr fahrig nach.

Dieser seifige Geschmack ließ ihn nicht los. Was zum Henker war das? Hatte Nina die Gläser nicht richtig gespült? Wollte sie ihm den Abend versauen? Tom schaute zu den Fischers rüber, seine Augen brannten, und er bemerkte, wie ihm der Schweiß ausbrach. Nadja war aufgestanden, vollführte schlangenartige Bewegungen mit den Armen und wiegte sich in den Hüften wie eine Bauchtänzerin. Ihr Mann pfiff dazu *La Paloma*. Was sollte das?

Machten sie sich über ihn lustig, diese neureichen, ignoranten Arschlöcher?

»Ich würde dann auch noch was von dem *geilen Zeug* nehmen«, meldete sich Behringer und zwinkerte Cherry anzüglich zu.

Warum schmeckte Behringer nichts? Er musste doch auch was bemerken!

»Wieso haben wir eigentlich keine Barmusik?«, grölte Nadja. »In eine Bar gehört Barmusik, Tommy Boy. Mach sofort die Musik an!«

»Ja, Tom, leg was auf! Leg was auf! Leg was auf!«, krähte Cherry und klatschte dazu rhythmisch in die Hände, was Behringer offenbar als Aufforderung verstand, seine Hand auf ihren Hintern zu legen.

Tom schmiss irgendeine Scheibe in den CD-Spieler – die Weiber sollten aufhören zu nerven. Er trank erneut, versuchte sich auf den Geschmack zu konzentrieren. Es gelang ihm nicht. Wieso fiel Behringer nichts auf? War das Ganze ein abgekartetes Spiel? Wollten sie ihn fertigmachen?

»Noch ne Runde von dem Zeug, Meister!« Befehlsgewohnt hatte sich Fischer vor der Bar aufgepflanzt und hielt Tom zwei leere Gläser hin. Tom füllte sie. Seine Hände zitterten. Er hasste Fischer. Er hasste sie alle. All diese Schmarotzer und Wichtigtuer. Diese gottverdammten, selbsternannten Rudelführer!

Aus dem Augenwinkel registrierte er, dass Behringer mit einer Hand an Cherrys Dekolleté rumfummelte und die andere direkt auf ihn zu über den Tresen spazieren ließ, wie eine ekelhafte, schwarz behaarte Spinne.

»Gib mir mal die Flasche rüber!«

Tom packte die Flasche und drückte sie an sich. Einen Dreck würde er tun!

»Tom, Tom, good old Tom!«, feuerte Cherry an.

»Gib mir sofort die Flasche, sonst ...«, knurrte Behringer, schnellte abrupt vor, riss sie Tom aus der Hand und rannte damit zum anderen Ende des Tresens. Tom hinterher. Er würde dieses Schwein kaltmachen.

Cherry erkannte ihre Chance und schnappte sich das angebrochene Tonic Water. Sie trank gierig und schmiss die leere Flasche auf den Boden.

»Mir ist heiß!«, brüllte sie, riss sich das Paillettentop vom Leib und eine weitere Flasche Tonic aus dem Kühler. Eiswürfel flogen durch die Luft und verteilten sich im Raum. Tom jagte Behringer hinterher. Ein ums andere Mal umrundeten sie den Tresen, auf dem Cherry jetzt stand und das groteske Rennen kreischend kommentierte.

Nadja drehte sich mit geschlossenen Augen in der Mitte des Raums, die Arme weit zu beiden Seiten ausgestreckt, in einem fort um die eigene Achse. Fischer umtanzte sie, sein weißes Leinensakko über dem Kopf schwenkend und dazu grunzend wie ein brünstiger Pavian. Dann geriet er ins Stolpern, fuchtelte kurz mit den Armen durch die Luft, stürzte und riss das Tablett mit dem Fingerfood vom Tresen.

Nadja blieb ruckartig stehen, starrte ihren zwischen Käsewürfeln, Blätterteigpasteten und Porzellansplittern am Boden liegenden Mann an und – begann laut zu lachen.

Cherry lachte mit, konnte gar nicht mehr aufhören.

Dann hatte Tom den Journalisten erwischt. Die beiden verhakten sich ineinander wie Sumoringer, bis Behringer mit der Ginflasche zuschlug. Wacholder-, Holz- und Vanillearomen vermischten sich mit dem Geschmack von Blut.

Behringer walzte auf Cherry zu, die immer noch auf dem Tresen stand und kicherte. Er packte sie am Saum ihres knappen Lederrocks und zog daran. Sie versuchte sich zu befreien, glitt auf dem glatten, nassen Marmor aus und fiel rückwärts auf die Bar. Behringer ließ nicht locker. Cherry schrie, strampelte mit den Füßen, trat zu und traf ihn mit voller Wucht im Gesicht. Es knackte trocken, und Behringer ging zu Boden. Ihr High Heel hatte sein linkes Jochbein zertrümmert.

Cherry robbte weiter über den Tresen auf Tom zu, der sich eben keuchend daran hochzog. Sie krallte sich an ihm fest, wollte ihm ihre rot bemalten Lippen auf den Mund drücken, zerrte an seiner Gürtelschnalle. Er schüttelte sie ab. Sie knallte mit dem Kopf ins Glasregal.

Fischer krabbelte auf allen vieren Richtung Tür und drosch dabei wie ein Berserker auf Glas- und Tellerscherben ein, die den Boden bedeckten. Seine Hände sahen aus, als hätte man sie durch den Fleischwolf gedreht.

Nadja lachte immer noch. Schrill, laut, unerträglich. Offenbar fand sie den Anblick ihres Mannes irrsinnig komisch. Tom warf eine Flasche nach ihr. Nadja wich der Flasche geschickt aus und rannte kreischend wie eine Furie auf ihn zu. Ein Kinnhaken zerbrach ihr den Unterkiefer. Fischer hatte den Ausgang erreicht, zog sich an der Klinke hoch, wollte die Tür öffnen und hämmerte wie rasend dagegen, als es ihm nicht gelang. Für einen Augenblick herrschte Totenstille in der Bar, so als wäre ein Film angehalten worden. Dann griff Tom nach dem Messer, das immer noch neben den Limetten lag. Das Tasting war noch lange nicht zu Ende.

Die gerichtsmedizinische Untersuchung der Opfer war zeitaufwendig und ungeheuer belastend. Dieser Fall führte nicht nur hartgesottene Forensiker an ihre psychischen Grenzen, sondern alle, die damit befasst waren. Fest stand, dass sich fünf Personen, deren Identität inzwischen geklärt war, offenbar gegenseitig auf unvorstellbar grausame Art getötet hatten. Man hatte alles verwendet, was in irgendeiner Form hart, scharf, schwer oder spitz war, Zähne und Fingernägel eingeschlossen. Fest stand auch, dass alle Personen Drogen konsumiert und diese aufgelöst in Tonic Water zu sich genommen hatten. In einigen der wenigen intakten Flaschen war bei der toxikologischen Untersuchung dieselbe Substanz gefunden worden wie in den Körpern der Opfer.

»Wisst ihr schon, was es war?« Görner schaute erst die fünf Toten an, die gnädigerweise abgedeckt waren, anschließend Moosbach.

»Eine ziemlich wüste Mischung, quasi alles, was den Körper auf Touren bringt, und offenbar weit darüber hinaus. Mehr wissen wir bisher noch nicht.« Der Gerichtsmediziner schüttelte bedauernd den Kopf.

»Also Aufputschmittel, so was wie Speed, Ecstasy oder Crystal Meth?«, hakte Görner nach.

»Sagen wir mal so«, Moosbach kratzte sich am Kopf, »nimm alle drei zusammen, verzehnfache die Potenz und gib noch ein paar Rasierklingen dazu. Wir haben Mäusen winzige Mengen von diesem Tonic Nummer 3 zu trinken gegeben, in weniger als fünf Minuten hatten sie sich zerfleischt.«

Carola Wellhöfer, die das *Ginmania* als Erste nach dem Massaker betreten hatte, war noch Tage danach vernehmungsunfähig. Im Beisein einer Therapeutin gab sie später zu Protokoll, einer gewissen Nina, die sie lediglich als Gast des *Ginmania* kannte, gegen einen höheren Geldbetrag leihweise den Schlüssel zur Vordertür der Bar überlassen

zu haben. Die Frau hatte behauptet, dort eine Feier im kleinen Kreis veranstalten zu wollen. Da Nina ihr sympathisch
war und vertrauenswürdig erschien, sei sie einverstanden
gewesen. Außerdem habe sie das Geld dringend gebraucht.

»Können Sie sich an den Familiennamen dieser Nina erinnern?«

»Nein.«

»Wissen Sie, wo sie wohnt, oder kennen Sie jemanden,
der mehr über sie wissen könnte?«

Kopfschütteln.

»Ist Ihnen irgendetwas aufgefallen?«

Carola Wellhöfer dachte nach.

»Die Sache mit ihrer Schwester. Das war richtig unheim-
lich.«

»Was für eine Sache?«

»Nina war an einem Abend mal sehr betrunken und erzählte, dass ihre Schwester sich umgebracht hat. Wegen einer
Fehlgeburt, aber Nina meinte, das war keine Fehlgeburt.«

»Sondern?«, fragte Görner behutsam.

»Eine Abtreibung, hat Nina behauptet. Der Freund hätte
ihre Schwester gezwungen, selbst gemachtes Tonic Water
zu trinken. Literweise. Das viele Chinin dadrin ...«

»Verstehe«, sagte Görner. »Wissen Sie noch, wie diese
Schwester hieß?«

»Ja. So wie ich mit Zweitnamen: Sophie.«

Ewald & Helwig Arenz
Komm, süßer Tod

Marco Wiegand war ein Arschloch vor dem Herrn, so viel wusste ich bereits aus dem Überblick, den ich mir in aller Eile von den Kollegen hatte mailen lassen. So ein Typ, der seine Frau nicht nur mit ihrer besten Freundin betrügt, sondern auch noch deren alten Hund vergiftet, weil ihn sein Schnaufen beim Sex mit besagter Freundin stört. Und das nur, weil es ihn an die Geräusche erinnert, die seine eigene Frau beim Sex mit ihm macht. Der Typ Mann, der keinen Augenblick zugeben würde, dass das genervte Schnaufen der Frauen beim Sex mit ihm vielleicht nur an ihm liegen könnte. Nee. Dann lieber den Hund – immerhin anstelle der Ehefrau – vergiften, der eigentlich in Wirklichkeit trotz seines Alters sehr leise atmete. Marco Wiegand war außerdem der Typ Mann, der bei der Geschäftsübernahme eines mittleren schwäbischen Heizungsinstallationsbetriebs ständig über die Fußstapfen seines nicht mal besonders erfolgreichen Vaters stolperte und das mit besonders aggressivem Tennis und einem A8 kompensierte, mit dem er an den Wochenenden über die süddeutschen Autobahnen brauste und Alleinerziehende in Kleinwagen ausbremste, um sie dann wüst zu beschimpfen. Ja. Das meiste davon stand jedenfalls in den Akten über Marco Wiegand, dessen A8 seinerseits seit vier Tagen quer über drei Parkplätze vor einer Schokoladenfabrik in Cadolzburg abgestellt war. Es brauchte nicht viel polizeilichen Scharfsinn, um den Zusammenhang zwischen dem verlassenen Wagen und dem Toten in der Schokoladenfabrik herzustellen.

In der Fabrikhalle selbst war es wunderbar warm; fast schon heiß. Der Duft von Schokolade war überwältigend. Die

Atmosphäre war die olfaktorische Essenz von allen Kindheitsostern, Kindheitsgeburtstagen, Kindheitsweihnachten. Das Einzige, was nicht so recht zu den süßen Bildern passte, die sich vor meinem inneren Auge entfalteten, als ich den großen Raum betrat, in dem die zwei riesigen Edelstahlkessel standen, war Marco Wiegand, der allerdings gerade noch außer Sicht war. Brettschneider von der Spurensicherung sah mich von der Seite her an:

»Warum kriege ich nicht ein Mal, nur ein einziges Mal einen ganz normalen Tatort? Seit ich mit Ihnen arbeite, habe ich nur kranke Fälle. Wie machen Sie das?«

»Karma vermutlich«, meinte ich geistesabwesend und legte den Kopf in den Nacken. »Also Ihres, nicht meines. Vielleicht haben Sie im letzten Leben Ihre Tante vergiftet oder so.«

»Sie können mich mal«, knurrte Brettschneider, »man hätte meinen können, dass Sie freundlicher werden, nachdem Ihr Kollege endlich in der Klapse ist. Zynismus kann auf die Dauer töten. Und wieso ist es hier so scheißheiß?«

Über den riesigen Schokoladenkesseln verliefen Rohre und ein stabil wirkendes Schienennetz. Eine Laufkatze mit einer Winde hing direkt über dem rechten Edelstahlbottich. Die Winde surrte leise, das Drahtseil, das in den Kessel reichte, spannte sich, und dann erschien Marco Wiegand. Ehrlich gesagt war das allerdings immer noch eine Vermutung, denn die Leiche wurde mit den Füßen voran aus dem Kessel mit dunkler Vollmilchschokolade gezogen, sah aus wie ein perverser Weihnachtsmann und triefte.

»Was ist das denn für eine verfluchte Scheiße?«, brüllte Brettschneider schwitzend. »Wie soll ich denn in all dieser Schokolade Spuren sichern?«

Marco Wiegand baumelte noch immer über dem Kessel. Ihn ging das alles nichts mehr an. Ich wandte mich an Högelein, den Fabrikbesitzer.

»Können Sie mir erklären, wie ein nackter Heizungsinstallateur aus Schwaben in Ihre Vollmilchschokolade kommt?«

»Das ist keine Vollmilch«, antwortete der normalerweise wohl gemütlich wirkende Högelein nervös, »das ist Edelbitter. Ich habe keine Ahnung. Sollen wir ... sollen wir ihn waschen? Ich meine ...«

Brettschneider fuhr auf ihn zu.

»Waschen? Sind Sie wahnsinnig? Lassen Sie ihn, wie er ist. Wir werden hier keine weiteren Spuren verwischen. Und ich muss Proben aus allen Kesseln haben.«

Högelein sah mich unsicher an.

»In Stanniol oder so? Unsere fertigen Weihnachtsmänner?«

Ich hob nur die Schultern.

»Tun Sie einfach, was er sagt. Aber sagen Sie, es ist tatsächlich ganz schön warm bei Ihnen.«

Högelein warf unbehaglich die Hände in die Luft.

»Noch so ein Problem. Seit ein paar Tagen kriegen wir die Temperaturen nicht mehr in den Griff. Wissen Sie, wie empfindlich Schokolade auf die kleinsten Schwankungen reagiert? Wenn wir falsch temperieren, wird die Schokolade glanzlos und ... aber das interessiert Sie sicher nicht«, unterbrach er sich höflich, beugte sich dann vor und flüsterte.

»Das ist alles sehr unangenehm, aber das Schlimmste ist ... also, ich weiß nicht, wie ich es sagen soll ... wir ...«

Ich legte Högelein beruhigend die Hand auf die Schulter. Der Fabrikbesitzer war mir nicht unsympathisch.

»Was denn, Mann?«

Er trat von einem Fuß auf den anderen.

»Ihr Opfer ... der war ja nun schon ... wir wissen nicht, wie lange der schon im Schmelzkessel war. Und wir liefern doch täglich aus! Also – es kann sein, dass trotz sofortiger Warensperrung ...«

Er brauchte den Satz nicht zu vollenden. Ich rechnete gerade rasend schnell nach, wann ich das letzte Mal Schokolade gekauft hatte. Es war gestern gewesen, als ich wieder mal versucht hatte, Iron in der geschlossenen Abteilung zu besuchen. Er hatte mich wieder mal nicht sehen wollen, und ich hatte die Schokolade dann einfach dort gelassen. Ich sah die Aufschrift in meiner Erinnerung aufleuchten: »Högeleins feinste Edelbitter«. Wow. Na ja ... irgendwie geschah es Iron recht. Hätte er damals nicht auf mich geschossen. Ich sah Högelein tief in die Augen und senkte die Stimme:

»Das geht mich nichts an. Das ist Sache des Gesundheitsamtes, und wir ... na ja, wir arbeiten nicht so eng zusammen. Entspannen Sie sich.«

Högelein atmete erleichtert auf, aber das blieb mein einziger Erfolg an diesem Morgen. Die Gespräche mit den Fabrikangestellten, dem Wachdienst und den Nachbarn verliefen absolut ergebnislos. Niemand hatte Marco Wiegand in die Fabrik gehen sehen, niemand wusste irgendetwas. Und ich wusste noch nicht einmal, ob es sich um Mord oder einfach um einen bizarren Unfall handelte, als ich ins Präsidium zurückkehrte. Ich wusste auch nicht, ob Professor Schäfer das in der Pathologie je herausfinden würde. Der Mann hatte schließlich ungefähr vier Tage bei an die fünfzig Grad in einem Kessel gesimmert und war jetzt vermutlich mehr als durch.

Unten hatten mich alle schon so seltsam angeguckt, aber als ich auf dem Gang am Zimmer der Schwarz vorbeikam, prustete sie richtiggehend los, als hätte ich mich versehentlich in Schokolade gesetzt. Ich hasste die Schwarz. Sie stand einfach für alles, was ich an Polizistenkollegen nicht leiden konnte: extremer Ehrgeiz. Kein Humor. Und Dummheit.

»Ihr neuer Partner ist da«, kicherte sie. Ich seufzte. Wenn die sich freute, bedeutete das Ärger für mich. »Wartet in Ihrem Büro.«

Super. Der Tag hatte so schön angefangen. Mein erster Schokoladenfall, und jetzt bekam ich einen neuen Partner, der wahrscheinlich von nichts eine Ahnung hatte. Ich stieß die Tür zu meinem Büro auf und erstarrte im selben Augenblick.

»Nein«, flüsterte ich schwach vor Entsetzen, »das ist jetzt nicht wahr. Nicht du. Du nicht. Du ... du dürftest gar nicht hier sein!«

Mein Gegenüber erhob sich vom Schreibtisch, auf dem er gesessen hatte, warf dabei meine Orchidee um und lächelte.

»Doch, Bruder. Ich bin jetzt im Außendienst.«

»Du bist vor allem eine Orgie des Chaos auf zwei Beinen! Wie kann man dich ... oh mein Gott!«

Ich hatte den zusätzlichen Stern erst jetzt bemerkt. Mein kleiner Bruder Jörg, fünfzehn Jahre jünger als ich, war dienstlich gesehen mein Vorgesetzter. Mein alter Partner hatte mich im Wahn angeschossen. Mein neuer würde mich womöglich versehentlich töten, wenn er seine Waffe lud.

Jörg schien das alles nicht zu interessieren. Breit lächelnd schlug er die Akte über Wiegand auf und sagte: »Ich liebe dich auch immer noch. Papa lässt dich grüßen und sagt, du sollst was wegen des Nachbarshundes unternehmen. Er denkt wahrscheinlich, du seist immer noch Streifenpolizist. Und würdest du vielleicht diesen lächerlichen Hut abnehmen? Oder bist du noch infektiös?«

Ich griff an meinen Kopf. Der Scheißpapierhut aus der Fabrik ... ich hatte ihn auf dem ganzen Weg bis hierher aufgehabt, und keiner hatte es mir gesagt! Ich musste mich setzen und atmete tief durch. Dann lehnte ich mich zurück, legte die Hände über die Augen und fasste zusammen, was heute Morgen geschehen war.

»Du warst bei Högelein«, rief mein Bruder nur, als ich geendet hatte, »das ist jetzt nicht wahr! *Charlie und die Schokoladenfabrik* war mein erster Kinofilm! Und du bist in einer Schokoladenfabrik und bringst mir nichts mit?«

Ich setzte mich auf und sah ihn müde an.

»Erstens bist du nicht mehr zehn, und zweitens wusste ich nicht, dass du mich hier in meinem Büro erwartest, um mir bei einem Fall ... äh ... zu helfen.« Das letzte Wort sprach ich bildlich gesehen in Gänsefüßchen. Ich hatte noch nie mit meinem kleinen Bruder zusammengearbeitet, aber ich konnte mir einfach nicht vorstellen, dass er zu mehr fähig war, als zufällig unangemeldet vorbeizukommen, wenn man gerade mit einem Glas Wein und der schönsten Frau der Welt vom Esszimmer ins Schlafzimmer wechseln wollte. Niemand außer meinem kleinen Bruder hatte so ein exaktes Gefühl für schlechtes Timing. Niemand außer meinem kleinen Bruder kam einfach mit in die Dusche, wenn er einem dringend was zu erzählen hatte. Und niemand außer meinem kleinen Bruder kannte mich so gut.

»Das hier ist jetzt nicht mehr dein Büro«, korrigierte mich Jörg fröhlich. Dann setzte er das Gesicht auf, von dem er seit seiner Kindheit annahm, dass seine Umwelt es für ernsthaft hielt. »Tja«, überlegte er, »die Kollegen aus Mindelfingen vernehmen die Angehörigen, Schäfer schneidet im Keller vermutlich gerade an unserem schokolierten Schwaben herum, und die Akten haben wir gelesen. Ich sehe nicht, was wir im Moment machen könnten. Gehen wir Kaffee trinken.«

»Da wäre das Auto«, schlug ich vor.

Jörg spielte uninteressiert mit meinem gläsernen Briefbeschwerer.

»Kann ich den haben?«, fragte er, und erst, als ich ihm das Ding unsanft entwunden hatte, lenkte er ein.

»Ach ja, gut, sprechen wir noch mal mit Brettschneider. Habt ihr eine Kantine oder so, wo wir den treffen können?«

»Ja. Wir haben eine Kantine oder so«, antwortete ich, »das hier ist Nürnberg und nicht Afghanistan. Aber wir können ihn auch einfach anrufen –« Jörg allerdings war schon auf dem Weg nach draußen. Er pfiff fröhlich den Titelsong aus *Charlie und die Schokoladenfabrik*.

»Ach, und die Verkehrsüberwachung sollten wir kontaktieren«, unterbrach er seine fragwürdige musikalische Darbietung, »Blitzerfotos, Strafzettel, was bei Audifahrern halt so zusammenkommt«, meinte er zu mir, und es klang fast wie eine Dienstanweisung.

Als er bei Frau Schwarz' offener Tür vorbeischlenderte, blieb er stehen und sah kurz bei ihr herein.

»Jessica, haben Sie schon Pause gemacht? Sonst kommen Sie doch mit uns runter in die Kantine«, schlug er ihr vor.

»Rede nicht mit meinen Feinden«, knurrte ich, aber Jörg ließ sich nicht beirren.

»Das süße Hundchen können Sie ruhig mitbringen.«

»Das hier ist ein Arbeitstreffen mit der Spurensicherung, kein Datingportal für Polizistensingles mit unterentwickelten sozialen Fähigkeiten«, bellte ich, »das machen wir lieber allein. Ein andermal gerne, Frau Schwarz!«

»Der Papierhut stand Ihnen großartig!«, gab die Schwarz mit vergifteter Süße in der Stimme zurück. »Ich mag Männer, denen ihre Würde nicht so wichtig ist.«

Wütend schob ich Jörg weiter in Richtung Ausgang.

»Was hast du denn, die ist doch fesch, deine Jessica«, verteidigte sich mein Bruder.

»Meine Jessica, wie du sie in völliger Verdrehung meiner wahren Gefühle nennst«, knirschte ich wütend, »mag ein hübsches Gesicht haben, aber dieses Gesicht ist der Friedhof jeglicher Kommunikation. Ich weiß nicht, wieso wir auch bei der Polizei Inklusionspolitik betreiben müssen.«

Wir nahmen auf den unbequemen Plastikstühlen in der Kantine Platz. Ich verzog nur verärgert das Gesicht. Wie sollte ich mit meinem Bruder als Vorgesetztem arbeiten, ohne irgendwann in Konflikt mit den Grundrechten zu geraten, auf die ich immerhin mal einen Eid geschworen hatte? Ich fand, Gott machte in letzter Zeit keinen guten Job mehr. Immerhin hatte ich das letzte Schokoladencroissant auf meinem Teller, während Jörg nur ein Bamberger abgekriegt hatte, das innerhalb zweier Sekunden verschwunden war. Als ich nachdenklich in meinen Kaffee starrte, kam mir der Tote wieder in den Sinn und wie sie ihn kopfüber aus dem Kessel gezogen hatten. Das heiterte mich ein wenig auf.

»Die Kollegen in Schwaben beneide ich nicht«, überlegte ich laut, »wie soll man denn so eine Nachricht überbringen?«

»Da muss man eben sensibel vorgehen«, grinste Jörg. »Vielleicht war es Selbstmord, dann kann man sagen: Ihr Mann sehnte sich nach Verschmelzung.«

»Sie haben keine Ahnung. Suizid ist ausgeschlossen«, schaltete sich eine hagere Gestalt mit kalter, herrischer Stimme ein. Ich sah befriedigt, wie Jörg erschrak, als er den leibhaftigen Tod neben sich erblickte.

»Wenn die Herren mir bitte folgen würden«, sagte der Tod und drehte sich um, ohne auf eine Antwort zu warten. Das musste er auch gar nicht, denn mein kleiner Bruder hatte den Befehl ohne zu zögern befolgt und war aufgestanden. Als ich mich erhob, sah ich, dass mein Teller leer war. Das Schokoladencroissant. Jörg tat es immer noch. Selbst unter der Guillotine würde er dem Henker noch sein Pausenbrot stehlen.

Ich wanderte mit leerem Magen hinter den beiden her. Professor Schäfer hatte schon so ausgesehen, als ich hier vor Jahren angetreten war. Kalt, hochintelligent, mit einer natürlichen Autorität ausgestattet, die keinerlei Widerspruch duldete. Und er hatte diesen schneidenden Blick, der völlig uninteressiert zu sagen schien: »Irgendwann kommt ihr alle zu mir. Auf einer Bahre. In meinen Keller.« In diesem Keller lag diesmal Marco Wiegand, und ich erhoffte mir jetzt langsam mal eine entscheidende Wendung in dem Fall.

»Sagen Sie, waren Sie schon vor dem Krieg hier?«

Jörgs unbekümmerte Stimme klang hell durch den gefliesten Raum. Ich traute meinen Ohren nicht. Jörg war mir bisher nicht suizidgefährdet vorgekommen. Professor Schäfer war stehen geblieben. Sein weißer Kittel sah aus wie aus Marmor geschnitten. Er drehte langsam den Kopf. Das hatte bei manchen meiner Kollegen schon zu Weinkrämpfen geführt.

»Fechten Sie gern?«, fragte er Jörg mit einer Stimme, die einem einen guten Eindruck davon verschaffen konnte, wie menschliche Stimmen auf der dunklen Seite des Mondes bei minus hundertdreißig Grad klingen mochten.

»Mit den rechten Gegnern«, entgegnete Jörg unbekümmert und ging voran. Das erste Mal bekam ich eine vage

Ahnung, wie es zu dem zusätzlichen Stern auf seiner Schulter gekommen war. Professor Schäfer sah Jörg einen Augenblick an, dann führte er ihn zu den Kühlfächern. Mich hatten die beiden anscheinend völlig vergessen.

»Wiegand. Hier.« Damit zog Schäfer schwungvoll die Schublade heraus, und vor uns lag, in braun glänzender Hülle – ein Schokoladenweihnachtsmann.

»Ui«, entfuhr es Jörg, »jetzt ist er glasiert.«

»Soweit ich das bisher erkennen konnte, ist er nicht kampflos dahingeschieden«, begann Professor Schäfer seine Ausführungen. »Er wurde gekocht.«

»Das wissen wir schon«, sagte Jörg.

Ich führte weiter aus: »Sieht so aus, als wäre er ein paar Tage in einem Kessel mit heißer Schokolade gewesen.«

Schäfer sah mich eisig an.

»Gekocht, sagte ich. Nicht bei fünfzig Grad warmgehalten. Im Anfang war das Wort, nicht irgendein dahingenuscheltes Blabla. Gekocht. Irgendjemand hat den Mann mit hundertdreißig Grad heißem Dampf gesotten und ihn damit getötet. Schauen Sie!«

Er griff zum Schokoladenohr des Toten und brach es einfach ab. Ich sah jetzt, was er meinte. Unter der Glasur leuchtete das Fleisch so rosig wie ein frischer Leberkäse aus dem Ofen. Jörg, der nachdenklich den ansonsten makellosen, von schimmernder Schokolade umhüllten Rest von Marco Wiegands Leiche betrachtete, sagte versonnen:

»Das werden sehr viel traurige Nikolaustage für seine Kinder werden. Wenn man sich vorstellt, wie sie gute Miene zum bösen Spiel machen müssen. Immer wieder den toten Papa im Stiefel zu haben ... im Kindergarten, in der Schule ...«

Und dann geschah ein Wunder. Professor Schäfer lächelte. Er lächelte meinen blöden Bruder an.

»Sie sind nicht typisch für Ihre Familie, was?«

Er warf mir einen verächtlichen Blick zu, und ich fühlte das dringende Bedürfnis, ein paar Punkte auf meinem Konto gutzuschreiben.

»Wir gehen jetzt endlich zu Brettschneider!«, befahl ich.

Als wir den Flur passierten, blieb Jörg ein weiteres Mal bei der Schwarz hängen und flirtete tatsächlich mit meiner inkompetenten und sterbenslangweiligen Kollegin. Mein heuchlerischer Bruder, der gerade den Jagdschein machte, streichelte sogar den Handfeger, den sie einen Hund nannte und jeden Tag gegen die Vorschriften ins Präsidium schmuggelte. Seine Verworfenheit kannte wirklich keine Grenzen. Ich zog ihn fast mit Gewalt fort.

»Du sollst nicht mit den Schmuddelkindern spielen. Komm jetzt. Wir müssen das Auto anschauen.«

In der polizeieigenen Autowerkstatt war es laut und roch nach heißem Eisen. Bläulich gleißte ab und zu das Licht der Schweißer auf. Brettschneider in seinem weißen Ganzkörperoverall kroch aus Wiegands A8. Er wirkte ausnahmsweise fröhlich.

»Neben den üblichen Spermaspuren auf dem Fahrersitz – und nur da, was auf autosexuelles Verhalten hinweist ... haben Sie's verstanden? Autosexuelles Verhalten ...!«

Er konnte den Satz vor Lachen nicht beenden, und ich konnte nicht glauben, dass Jörg tatsächlich mit einstimmte. Aber das tat er und schlug Brettschneider auch noch anerkennend auf die Schulter. Ich dagegen hätte beiden gerade gerne anerkennend ins Gesicht geschlagen, aber entgegen mancher Vorurteile ist Polizeigewalt bei der Polizei eher verpönt.

»Ja?«, fragte ich eisig. »Was noch?«

Brettschneider hörte beleidigt auf zu lachen.

»Wir sind heute aber schlecht gelaunt ... schmerzt die Narbe wieder? Also, es gibt nichts Ungewöhnliches. Außer, dass Wiegand der Wagen gar nicht mehr gehört. Der ist eigentlich in der Vollstreckung. Und dann war da noch eine Liste deutscher Schokoladenfabriken im Handschuhfach.«

Ich war sofort besser gelaunt. Das war interessant. Der Mann war also in finanziellen Schwierigkeiten gewesen. Schade, dass er das Opfer war. Meistens wurden solche Leute zu Tätern. Ich stieß Jörg an.

»Wir gehen. Danke, Brettschneider!«

Brettschneider rief mir nach einer fassungslosen Stille nach:

»Haben Sie eben Danke gesagt?«

Ich grinste, während ich Jörg zum Auto schob. Manchmal muss man die Leute einfach von der ungeschützten Seite her überwältigen.

»Eine Liste mit Schokoladenfabriken?«, dachte Jörg laut nach. »Cool. Muss ich mir kopieren ...«

Wir parkten vor der Chocothek – so eine Art schickes Factory-Outlet für all die Schokolade, die sie in der Fabrik herstellten.

»Träume werden wahr«, seufzte Jörg theatralisch, als wir eintraten. »Meinst du, wir können Beweismittel sichern?«

Er hatte schon zwei Tafeln weiße Schokolade und eine Tüte schokolierte Haselnüsse in der Hand. Ich lächelte ihn unschuldig an.

»Ich weiß nicht, ob diese Schokolade deinen Geschmack trifft. Komm jetzt.«

Jörg stellte die Schokolade bedauernd zurück. Dann zeigten wir unsere Ausweise, lauschten der obligatorischen Hygiene- und Handwaschbelehrung, zogen die Papieroveralls samt Papiermützen an und gingen in die Fertigungshalle. Ich hatte Högelein nicht rufen lassen – ich wollte mich ja nur umsehen. Jörg stieß mich enttäuscht an.

»Die Leute haben keine Arbeitsmoral mehr – hier tut ja keiner irgendwas!«

Das stimmte. Im Gegensatz zum letzten Mal standen alle Maschinen still. Wo am Morgen noch überall Schokolade gegossen worden war, wo sich Hohlformen langsam um sich selbst gedreht hatten, wo kleine Täfelchen maschinell in buntes Stanniol geschlagen worden waren, geschah gerade gar nichts.

»Laaaaangweilig!«, sagte Jörg laut.

»Kann ich Ihnen helfen?«

Eine Frau im blauen Overall und mit einem offiziell aussehenden Klemmbrett eilte auf uns zu. Ich wies auf Jörg. »Mein Kollege hier ... Wahnvorstellungen, verstehen Sie ... das hat der immer, wenn er im Unterzucker ist.«

»Oh!« Die Strenge auf dem Gesicht der Frau zerfiel zu Mitleid. Jörg sah mich fragend an, aber ich machte bloß eine winzige Augenbewegung, die wahrscheinlich nur zwischen Brüdern funktioniert, und er fing an, schwer zu atmen, und flüsterte: »Haben Sie hier irgendwas Süßes?«

Die Abteilungsleiterin lächelte, wie es Leute tun, die gerade versehentlich ein Leben gerettet haben, griff in ihre Tasche, holte zehn Sorten Schokolade heraus und hielt sie ihm hin.

»Wir haben auch Diabetikerschokolade!«, sagte sie besorgt. Ich entfernte mich unauffällig zu einem unbeobachteten Gang durch die Fabrik. Was war los? Warum arbeitete hier niemand? Die hatten sich doch vorher nicht mal durch eine Leiche im Kessel in der Produktion aufhalten lassen. Ich kam zu der Halle mit den riesigen Bottichen, wo wir Wiegand gefunden hatten. Es roch diesmal nicht nach Schokolade. Das war ganz gut, denn das nicht gegessene Schokoladencroissant fehlte mir immer noch. Ein Mann in Arbeitskleidung stand mit einem Laptopwagen vor einer ziemlich umfangreichen Schalttafel mit allerlei Bildschirmen.

»Was machet Sie denn hier?«, fragte er streng mit stark schwäbischem Einschlag.

Ich schob einen Rollwagen mit Reinigungsgeräten zur Seite, zeigte ihm meinen Ausweis und fragte ihn nach seinem Namen.

»Heidernei«, stöhnte der Heizungstechniker mit dem passenden Namen Eisele, »ich hab doch koi Zeit. Die gesamte Anlage isch im Eimer. Ich muss die komplett neu programmiere.«

»Was für eine Anlage?«

»Na, die Temperieranlage! Des Wichtigschte in der ganzen Fabrik! Wisset Sie überhaupt, wie teuer des isch? Sie könnet ja Schokolade net einfach so abkühle. Dann het die koin Glanz und nix. Des isch ein hochkomplexer Prozess. Temperieren isch oi Wisseschaft! Fettreif auf der Schokolade, und Sie könnet die niemals verkaufe!«

Fettreif interessierte mich im Augenblick nur am Rande. Ich winkte ab, lugte noch einmal in den gespülten Kessel, in dem Wiegand warmgehalten worden war, und überlegte, wo er wohl vorher – wie Schäfer sich so herzerwärmend ausgedrückt hatte – dampfgesotten worden war. Dann wandte ich mich wieder an Eisele.

»Sagen Sie, ist es in Ihrer hochkomplexen Anlage irgendwo so heiß, dass man sich mit Dampf verbrühen kann?«

Eisele sah genervt hoch zu mir.

»Noi. Mir arbeite in der Anlage bis sechzig Grad höchschtens. D'Schokolad darf niemals koche.«

Ich betrachtete gedankenverloren mein Spiegelbild in dem blanken Edelstahlkessel und dachte nach. Schade. Es wäre so nett gewesen, wenn Wiegand hier getötet worden wäre. Dann setzte ich mich auf den Werkstattwagen mit den Reinigungsgeräten und überlegte, was ich übersehen hatte. Was hatte Wiegand in Franken gemacht? Wie war er umgekommen und wie war er danach in den Kessel geraten? Zu Fuß ja wahrscheinlich nicht mehr. Ich kam nicht drauf.

Jörg wartete in der Chocothek auf mich.

»Du hast da noch Schokolade um den Mund«, sagte ich.

Jörg wischte sie mit verträumtem Gesichtsausdruck weg.

»Ich will, dass wir diesen Fall niemals aufklären. Ich weiß jetzt, was sie meinen, wenn sie sagen, dass Schokolade Gottes Entschuldigung für Brokkoli ist. Diese Fabrik ist ein Traum.«

Ich ignorierte ihn und zählte auf. Wiegand war vor vier Tagen in die Fabrik gelangt, ohne dass ihn irgendjemand hatte kommen sehen. Wiegand war vermutlich wegen seines Lebensstils hoch verschuldet gewesen. Wiegand war aber vor allem tot. Obwohl ich im Laufe meines Berufslebens zu der Ansicht gekommen bin, dass es Menschen gibt, deren gewaltsames Hinscheiden aus übergeordneter Sicht eigentlich nicht aufgeklärt werden müsste, zwang mich ein Rest Arbeitsethos dazu, weiter nachzudenken.

»Ich weiß, es muss direkt vor meiner Nase sein«, sagte ich müde, »wahrscheinlich blockierst du meine Gedanken.«

Jörg hielt mir eine schokolierte Haselnuss hin.

»Iss. Sind gut fürs Gehirn. Und denk doch mal anders ... was macht ein Schwabe in Franken?«

Ich erstarrte. Oh mein Gott, ich war so blöd. Schwabe. Heizungsfachmann.

»Jörg«, sagte ich, »ich muss zu Högelein! Geh sofort noch mal in die Fabrik zu den Bottichen. Da ist ein schwäbischer Techniker namens Eisele, und den fragst du, ob er Wiegand kennt. Da ist irgendeine Verbindung.«

Jörg betrachtete bewundernd die Schokonüsse.

»Die wirken echt schnell«, murmelte er.

Högelein reagierte auf meine Frage verständnislos.

»Nein, wieso? Temperaturkontrolle ist das A und O in der Schokoladenproduktion. Das weiß jeder. Deshalb kriegen wir natürlich ständig unaufgefordert Mails mit Angeboten. Das ist normal. Das hat doch mit dem Toten nichts zu tun.«

Ich holte tief Luft.

»Würden Sie nachsehen, ob eine Mail von Wiegand dabei ist?«

Högelein scrollte im Stehen durch die Mails.

»Ah, hier. Wiegand Wärme. Letzte Woche. Ach, schau an. Hatte ich noch gar nicht gelesen. Das wäre ein unschlagbares Angebot gewesen. Den hätte ich genommen ... Schade. Dass ausgerechnet der im Kessel ... Wiegand Wärme ... das kriegt da gleich einen ganz makabren Unterton, oder?«

Er sah mich mit so einer echten Mischung aus Verlegenheit und Gutgläubigkeit an, dass ich mich ein wenig entspannte. Högelein hatte nichts mit Wiegands Tod zu tun.

»Und Eisele?«, hakte ich nach. »Wieso ist der da?«

»Sein Angebot kam zufällig vor vier Tagen. Wenn man das jetzt so vergleicht ... ist eigentlich nicht preiswert, aber der konnte gleich. Haben Sie eine Ahnung, wie lange man oft auf Handwerker warten muss? Deshalb habe ich ...«

Der unverkennbar scharfe Knall einer PPK schnitt ihm mitten ins Wort. Ich fuhr zusammen. Das war nicht gut. Das war gar nicht gut. Scheiße. Jörg war in Schwierigkeiten.

»Sie bleiben hier!«, schrie ich Högelein an, der entrüstet zurückschrie: »Na hören Sie mal! Das ist meine Fabrik!« So rannten wir beide die Treppen hinunter in die Halle. Högelein war trotz seiner eher barocken Figur erstaunlich schnell. »Fußballer!«, schnaufte er, als er mich überholte und die Tür zur Halle aufriss.

»Jörg!«, schrie ich.

»Hier!« Jörgs Stimme klang ungewöhnlich gepresst. »Schnell! Er haut ab!«

Im Schmelzkesselraum waberte fast undurchdringlicher Dampf, und ich fand Jörg erst durch sein Stöhnen. Er saß mit dem Rücken an die Wand gelehnt und hielt beide Hände hoch.

»Er wollte sofort fliehen, als ich ihn nach Wiegand gefragt habe. Ich habe die Pistole gezogen, da hat er mich schon verbrüht ... mit dem Dampfreiniger!«

Er deutete auf ein industriell aussehendes Gerät. Ich starrte es einen Augenblick an, dann schlug ich mir vor die Stirn. Ich war auf dem Scheißding gesessen! Ich war auf dem Mordinstrument gesessen und hatte mich dabei gefragt, wie Wiegand gekocht worden war!

»Wo ist er?«

Jörg kämpfte sich hoch und deutete halbwegs gelassen auf den Ausgang.

»Ich nehme mal an, er versucht zu fliehen.«

»Was machst du denn dann noch hier?«, schrie ich ihn wütend an. Manchmal verstand ich ihn einfach nicht.

Jörg sah mich erstaunt an.

»Du erwartest echt, dass ich dem hinterherfahre? Mit verbrühten Händen? Wir wissen doch, wer er ist. Lass ihn zur Fahndung ausschreiben. Heute Abend haben wir ihn!«

Högelein sah mich an. Ich sah Jörg an. Dann zog ich ihn grob an mich und flüsterte ihm ins Ohr: »Wenn du nicht in zwanzig Sekunden am Steuer sitzt, schicke ich der Schwarz das Kinderfoto von dir, wo du aus der Achterbahn kotzt.«

Er brauchte vierzehn Sekunden.

Högelein, der uns gefolgt war, zeigte nach einem mitleidigen Blick auf unser Dienstfahrzeug auf seine schwere Limousine. »Wir nehmen meinen!«

Ich pflückte in rasender Eile das Blaulicht von unserem Dach, haute es auf den Mercedes, wir sprangen hinein, und dann drückte es uns in die Polster, als Högelein das Gaspedal bis zum Anschlag durchtrat. Der Sprinter des Heizungsmannes war in der Ferne noch zu sehen. Högelein schüttelte den Kopf:

»Was macht der Idiot denn? Der fährt ja zur Burg hoch! Ich schneide ihm den Weg ab!« Er bog auf eine Nebenstraße ab. Jörg blies auf seine Hände und berichtete:

»Es war ganz klar, dass der Mann Wiegand kannte. Ich weiß aber noch nicht, wie das zusammenhängt.«

»Ich kriege eine Ahnung«, sagte ich und hielt mich fest. Högelein raste die engen Straßen Cadolzburgs hoch. Als wir auf die Hauptstraße hinausschossen, war der Sprinter auf einmal direkt vor uns. Er fuhr in Schlangenlinien, damit wir nicht überholen konnten.

»Darf ich ihn abknallen?«, fragte Jörg. Auf seinen Händen hatten sich hässliche rote Blasen gebildet, und er fluchte leise.

»Jetzt noch nicht«, sagte ich und reichte ihm eine Wasserflasche. »Gieß das drüber!«

Högelein lachte leise und beschleunigte. Er schien in seinem Element. Jetzt rammte er den Sprinter, und der lenkte rasch nach rechts – durch das Tor auf den alten Marktplatz.

»Edz gheerst der Katz!«, murmelte Högelein, setzte hinterher und rammte den Lieferwagen erneut. Der beschleunigte noch einmal, tanzte über das Kopfsteinpflaster, scherte rechts und links Außenspiegel ab und ratterte auf das weit geöffnete Tor der Hohenzollernburg zu.

»Nicht dass der mit seinem Auto einen auf Eppelein macht«, gab Jörg zu bedenken, »so einen Sprung überlebt er nicht mal mit Airbag. Und ich möchte ihn doch gerne noch erschießen.«

Der Lieferwagen donnerte über die Brücke, Högelein hinterher, und dann ging alles ganz schnell. Der Sprinter drehte kunstvoll, beschleunigte mit einem Satz und kam auf uns zu. Eisele hatte uns glauben lassen, er sei in der Falle. Högelein schrie: »Die Kakaobutter! Leeren Sie den Sack aus dem Fenster!«

Der Lieferwagen kam näher, aber Högelein wich ihm nicht aus. Jörg hatte den Sack gegriffen, der hinten neben ihm lag, und schüttete die Chips aus Kakaobutter aus dem Fenster, während Högelein im allerletzten Augenblick das Steuer herumriss und mit uns in den Burggarten krachte. Aus den Augenwinkeln konnte ich sehen, wie der Sprinter auf der weißen Kakaobutterschicht ins Schleudern kam, verzweifelt zu bremsen versuchte, umstürzte und schließlich – sich effektvoll um sich selbst drehend – in den inneren Burghof schlitterte, nicht ohne dabei eine der aufgestellten Kanonen in hohem Bogen über die Mauer in den weit unten liegenden Teich fliegen zu lassen. Dann war Stille.

»Ich bin Klavierspieler«, sagte Jörg, der sich mit seinen verbrannten Händen sehr vorsichtig abschnallte, »jetzt bringe ich ihn um.«

Nachdem ich Eisele vor Jörg gerettet hatte, fuhren wir alle ins Revier, wo die schwachsinnige Schwarz nicht meinen Scharfsinn bewunderte, sondern Jörgs verbrannte Hände bemitleidete, was erst aufhörte, als ich in einem unbeobachteten Augenblick ihren Hund kickte und – als der sich jaulend in den Papierkorb verkroch – Eisele anschrie:

»Nicht nur morden, sondern auch noch Tiere quälen! Sie sind wirklich das Letzte!«

Jörg, der seine Hände wenigstens ein bisschen gerächt sah, grinste zufrieden, und wir schafften es schließlich in mein Büro, wo Eisele mit typisch schwäbischem Pragmatismus endlich erkannte, dass es keinen Sinn mehr hatte, und in erstaunlich gutem Hochdeutsch auspackte.

»Der Wiegand und ich, wir waren immer Konkurrenten. Schon auf der Schule. Aber der mit seinen Schmalzhaaren und seinen Mädchenhänden ... klar, der hat immer die Mädchen abgekriegt, und später hat er auch noch die Firma vom Vater geerbt. Ich hab mir alles erarbeiten müssen.«

»Mir kommen die Tränen«, murmelte Jörg, der am Waschbecken stand und kaltes Wasser über seine Hände laufen ließ. Ich beachtete ihn nicht. Eisele redete weiter.

»Na, und als er schließlich seine Firma an die Wand gefahren hat, da hab ich gedacht, jetzt endlich, nach dreißig Jahren, bin ich einmal besser als er. Aber dann ...«

»Dann hat er ein neues Geschäftsmodell entdeckt«, fiel ich ein, »aktive Sabotage, um danach mit unschlagbaren Angeboten Wartungsaufträge zu bekommen.«

»Was?«, fragte Högelein empört. »Eine Schokoladenfabrik lahmlegen? Wer macht denn so was? Hat der Mann keine Kinder?« Und nach einem Augenblick des Überlegens setzte er trotzig nach: »So ein Mensch hat den Tod verdient!«

»Net dafür«, fuhr Eisele kopfschüttelnd fort und verfiel wieder ab und zu ins Schwäbische. »Aber das war der Auslöser. Ich hab ihn nämlich beschatten lassen, weil ich den Verdacht hatte, dass er mit meiner Frau ...«

»Ach, wie überaus originell?«, seufzte Jörg mit gespieltem Interesse. »Ich mag diese unkonventionellen Geschichten aus der Provinz.«

Eisele sandte ihm einen grünen Blick und fuhr fort.

»Ja, und die Kosten für den Detektiv habe ich mir jetzt mit der Frau vom Wiegand geteilt, weil die ja auch ein Interesse hatte ...«

Eiseles schwäbisch-sparsame Grundnatur fing an mich zu nerven. Ich habe Geständnisse gerne kurz und knapp.

»Mann!«, fuhr ich ihn an. »Reden Sie endlich!«

Eisele nahm sich zusammen, sah kurz auf seine Hände und zuckte dann die Schultern.

»Na, der Detektiv ist auf die Sabotagesache gekommen, und als der Wiegand in die Schokoladenfabrik vom Högelein eingestiegen ist, um das System zu sabotieren, da habe ich ihn gestellt. In der Kesselhalle.«

»Und haben ihn umgebracht.«

Eisele schüttelte in wiederkehrender Gemütlichkeit den Kopf.

»Ned sofort.«

Ich versuchte, nicht vor rasender Ungeduld mit dem Kopf auf den Schreibtisch zu schlagen, aber Eisele spürte wohl, dass ich etwas ungehalten war, denn er fuhr fort.

»Ich hab ihm erst vorgeschlagen, dass wir halbe halbe machen, aber er hat mich bloß ausgelacht. Und gemeint, dass ich immer den Kürzeren ziehen würde, weil ich ja auch den Kürzeren hätte. Was meine Frau übrigens auch immer sagen würde. Da hab ich ihm eine gescheuert.«

»Verständlich«, sagte Högelein. Ich warf ihm einen warnenden Blick zu, aber Jörg meinte nur grinsend:

»Lass ihn. Der Mann hat recht. Wenn jemand an der Qualität meines ...«

Ich schnitt ihm gerade noch rechtzeitig das Wort ab.

»Leute«, knirschte ich, »ich bin wirklich dankbar, dass das deutsche Rechtssystem nicht in euren Händen ist. Eisele! Wie ist Wiegand denn dann gestorben?«

»Na ja«, fuhr Eisele gleichmütig fort, »er hat mich umgehauen und dann angefangen, mich zusammenzutreten ... er war ja immer so stolz auf seinen Marathonscheiß und außerdem wirklich stärker als ich ... wahrscheinlich hat er einfach bloß einen Komplex und sein Ding ...«

Jörg prustete los. Högelein grinste. Ich hingegen hätte mir gerade einfach gerne für fünf Minuten die Ohren zugehalten und Jessica Schwarz das Geständnis aufnehmen lassen. Aber ich riss mich zusammen.

»Eisele«, sagte ich mit mühevoll beherrschter Stimme, »riskieren Sie keinen weiteren Mord auf meinem Revier und reden Sie bitte bitte bitte endlich weiter!«

Eisele sah mich mit großen Augen an. In diesem Moment tat er mir fast – aber nur fast – ein bisschen leid.

»Na ja, und dann hab ich halt den Dampfreiniger zu fassen gekriegt und dann ... Oh Gott, ich muss eben ein bisschen überreagiert haben ... auf jeden Fall war er dann auf einmal tot, und ich bin in Panik geraten. Ich hab ihn ausgezogen ... wegen der ganzen Fasern und so, das sieht man doch immer im Film ... und hab ihn in den Kessel geschmissen.«

Ich sah ihn fassungslos an.

»Und dann haben Sie Högelein ein Angebot geschickt? Wir hätten Sie niemals gefasst, wenn Sie nicht da gearbeitet hätten! Wie kann man so blöd sein!«

Eisele sah hoch zu mir.

»No, des hett doch g'macht g'heert«, sagte er im besten Schwäbisch, »der Auftrag wär doch sonscht verschwendet g'wes.«

»Ein schönes Beispiel schwäbischer Sparsamkeit«, kommentierte Jörg und drehte den Wasserhahn zu. »Na, dann kommen Sie mal mit, Herr Eisele.«

Es war der 6. Dezember. Jörg und ich hatten den Fall beinahe vergessen, als die Schwarz mit einem Paket zu uns ins Büro kam.

»Das hat ein Bote für Sie abgegeben. Ja, für Sie auch«, meinte sie mit einem missmutigen Blick auf mich, während Jörg sie strahlend anlächelte. Neugierig blieb sie im Türrahmen stehen, weshalb ich sie wahrscheinlich an der Nase traf, als ich die Tür zuwarf. Jörg hatte den Karton bereits aufgeschlitzt. Und dort, säuberlich und sicher in Packpapier gewickelt, fanden wir beide uns als halbmetergroße Schokoladenpolizisten wieder.

Ein Kärtchen von Högelein lag dabei. Darauf stand: »Ich weiß, dass die Bezeichnung Weihnachtsmann für einen Polizisten eine strafbare Beleidigung ist. In Ihrem Fall aber, finde ich, ist sie eine Auszeichnung. Mit Dank und Gruß, Ihr Högelein.«

Jörg blies nachdenklich auf die Narben an seinen Händen.

»Das ist besser als ein Stern auf der Schulterklappe. Frohen Nikolaus, Bruder.«

Dann brach er seine Schokoladenschulterklappe ab und reichte sie mir. Ich steckte sie in den Mund und ließ sie auf der Zunge zergehen. Sie schmeckte großartig.

Veit Bronnenmeyer
Der Brot-und-Butter-Fall

Gerlinde Arglos, Verkäuferin, Bäckerei Buscher, Tristengrün:

Es war am Donnerstag. Kurz vor Mittag. Die Kirchturmuhr
hat elf geschlagen gehabt [...] oder auch zwölf, ich verzähl
mich da öfter. Ich habe die belegten Brötchen mit Wurst und
Schinken fertig gemacht [...], jedenfalls wollte ich mir gerade einen Kaffee einschenken, da ist der Kerl da reingekom-
men. Mit so einer Kappe auf dem Kopf, die übers Gesicht
geht, und so einem Gocks drüber [...], ein Schlapphut, genau. Und einen gelben Regenmantel hat der angehabt. Und
so ein komisches Gewehr in der Hand. Damit hat er vor meiner Nase herumgefuchtelt und gebrüllt, dass ich ihm sofort
alle Butterbrote in einen Kartoffelsack packen soll [...]. Nein,
da ist keine Butter drauf auf den Broten. Da ist die Butter
schon drin. Auf so was kommt auch bloß der Martin [...],
das ist halt so eine Spezialsorte, die backt der bloß alle zwei
Wochen, jeden zweiten Donnerstag. Und am Donnerstag-
abend oder am Freitag werden sie dann verkauft, die gibt's
aber nur auf Vorbestellung. Da habe ich ihm gesagt, dass die
Brote noch hinten in der Backstube sind und er überhaupt
mit so was zum Meister gehen muss, ich darf das doch nicht
einfach so machen. Dann ist er hinter in die Backstube ge-
stürmt und hat geplärrt, dass er jetzt sofort alle Butterbrote haben will. Dann hat's ein paarmal gerumpelt, und dann
hat's den Knall getan. Ich habe gerufen, was denn da los ist.
Dann hat der Kerl gebrüllt, dass ich da bleiben soll, wo ich
bin, wenn mir mein Leben lieb ist. Dann hab ich halt gewar-

tet, bis ich nichts mehr gehört habe. Der ander muss zum Hintereingang von der Backstube raus sein. Der Meister war auf dem Boden gelegen [...], ja, Blut war da auch, aber nicht so viel. »Ach Gott, ach Gott«, habe ich gesagt, »ich glaube, jetzt müssen wir die Polizei holen, Martin!« Aber der hat nicht mehr richtig sprechen gekonnt. »Bloß net«, hat er geröchelt, und dann hat er die Augen verdreht und war weg. [...] Ja, die Butterbrote waren auch alle weg. Dann hab ich eben den Schwemmer von der Feuerwehr auf dem Handy angerufen, die Polizei hat der Chef ja verboten gehabt.

Florian Schwemmer, Ex-Kommandant Freiwillige Feuerwehr, Tristengrün:

Nein, die Gerlinde hat gleich bei mir angerufen. Die hat noch nicht gewusst, dass ich den Posten vor einem Vierteljahr aus gesundheitlichen Gründen abgegeben habe. Wobei ich eh grad am Weg war und mir eine Brotzeit holen wollte, beim Metzger, der ist am Dorfplatz, aber ich muss auf dem Weg beim Buscher vorbei. Einen Knall habe ich nicht gehört. Aber wie ich gerade losrenne, kommt mir auf der Straße Richtung Knobbernhofen so ein maskierter Depp auf einem Fahrrad entgegen, mit Hänger. Und in dem Hänger war ein alter Vorderlader drin, das habe ich deutlich gesehen [...]. Nein, an einen Kartoffelsack kann ich mich nicht erinnern. Ich habe aber auch nicht so genau hingeschaut, weil ich ja schnell in die Bäckerei wollte und nachschauen, was da los ist. Na ja, und da habe ich dann halt den Martin vorgefunden. Erst haben wir gedacht, mit dem ist es aus. Aber dann hat sich ja herausgestellt, dass er noch gelebt hat. Und dann habe ich den Rettungsdienst gerufen, unverzüglich. Und die Polizei natürlich auch. Das war fast ein

Raubmord! Und so was bei uns, wo doch nie was passiert. Dieses Butterbrot? Nein, das habe ich nie gekauft, der hat manchmal so Pförz im Kopf gehabt der Buscher. Brot und Butter in einem, so ein Gwaaf. Aber sein normales Brot hat schon gepasst.

Peter Schnell, Schriftsteller, Tristengrün:

Ich war gerade vor der Tür und habe eine Zigarette geraucht. Dann habe ich einen Knall gehört. Ich habe mir zuerst nichts weiter dabei gedacht. Aber weil ich doch ein wenig neugierig war, habe ich mir noch eine angezündet und gewartet, ob noch was passiert. Dann habe ich einen mittelgroßen Kerl mit Regenmantel gesehen und mit so einer Maske über dem Gesicht. Der ist mit einem alten Fahrrad mit Hänger davongefahren. Die Dorfstraße rauswärts, Richtung Knobbernhofen. Das Brot von der Bäckerei Buscher? Nein, bei dem haben wir nie etwas gekauft. Meine Frau besteht auf Bio-Vollkornbrot, und das gibt es dort nicht.

Alfred Hebeis, Frührentner, Tristengrün: (handschriftlich ergänzt: Dorfdepp)

Ich war halt wie immer auf meiner Bank gesessen [...]. Ich hab nichts gesehen und nichts gehört [...]. Doch stimmt, einen Knall, ja, den schon ...

»Was sollen denn die ganzen Punkte in den Klammern, Otto?« Der leitende Hauptkommissar Rainer Maul warf den Bericht auf seinen Schreibtisch und hob ächzend die strumpfsockigen Füße von der Tischplatte.

»Da werden unwichtige Teile der Aussagen weggelassen.« Der devote Assistent mühte sich gerade mit einer Schuhbürste an einem braunen Halbstiefel ab.

»So? Und was ist jetzt mit diesem Bäcker? Haben die das auch weggelassen?«

»Was meinen Sie, Chef?«

»Na, lebt er noch oder nicht, der äh …«

»Martin Buscher.« Otto legte Stiefel und Bürste beiseite und kramte in den Papieren auf seinem Schreibtisch. »Ja, der lebt. Hat ein Schädel-Hirn-Trauma und wurde in ein künstliches Koma versetzt. Der kann bis auf Weiteres nicht vernommen werden!«

»Genau, und weil denen das dann alles zu schwer wird, muss es der gute Onkel Maul mal wieder richten!«

»Natürlich, Chef. Wer sonst?« Er präsentierte einen Stiefel.

»Ja, der passt jetzt. Siehst du, Otto, wenn man sich anstrengt, dann kann man alles schaffen.« Maul nahm den Stiefel entgegen und machte erste Versuche, ihn anzuziehen.

»Wollen Sie den Fall wohl nicht weiterverfolgen, Chef?« Otto spuckte fleißig auf den zweiten Schuh.

»Ach«, Maul winkte ab. »Das gibt ja doch wieder Ärger, mit dem Gsänger von der Inspektion oder der Fuchtler in Hof … diese ganzen Triebtäter, die es nicht aushalten, wenn andere es sich einmal gut gehen lassen. Ganz niedere Triebe sind das, Otto! Gut, dass wir nicht so sind.«

Rainer Maul war der am meisten strafversetzte Beamte der bayerischen Polizei. Zwar hatte er eine sehr gute Aufklärungsquote, die jedoch mit unzähligen Beschwerden und Protesten an höheren Stellen einherging, weil er es einfach nicht lassen konnte, seine Mitmenschen über seine nicht immer politisch korrekten Ansichten zu Themen wie Gleichberechtigung, Ostdeutschen, Rentnern, Migranten oder auch zum Rechtsstaat zu informieren. Nachdem er alle Regierungsbezirke und Kriminalpolizeiinspektionen durchhatte, hatte ihm das Innenministerium eine Frühpensionierung angeboten, die Maul jedoch ablehnte. Stattdessen brachte er eine Freistellung bei doppelten Bezügen ins Spiel, was wiederum das Innenministerium ablehnte. Und so behalf man sich mit der Ultima Ratio und beförderte Maul zum Dienststellenleiter. Die Dienststelle befand sich im oberfränkischen Nirgendwo und bestand nur aus Maul und seinem Gehilfen Otto, der ihm nibelungentreu ergeben war. Als das dynamische Duo in Tristengrün eintraf, fanden sie die Bäckerei verschlossen vor. Wie meistens rüttelte Maul so lange an der Tür und rief »Hallo«, bis nicht nur mehrere Fenster in der Nachbarschaft aufgingen, sondern irgendwann auch die Ladentür. Ihnen gegenüber stand eine Frau in mittleren Jahren mit rot gefärbten Haaren, auf denen jedoch eine mitteldicke Schicht Mehl lagerte. Auch das Gesicht und die Arme sowie der Rest der Kleidung waren weiß überzogen.

»Was soll denn das Gebrüll?«, fragte sie. »Sie sehen doch, dass hier geschlossen ist!«

»Aber nicht für mich«, erwiderte Maul in Feldwebeltonlage. »Ich bin nämlich von der hohen Polizei!«

»Das kann jeder behaupten!«

»Otto«, seufzte Maul und schnippte mit den Fingern.

»Das ist der leitende Hauptkommissar Rainer Maul, und ich bin Otto«, er hielt zwei Dienstausweise hoch. »Wir müssen ... äh, also, es geht um den Überfall hier vor vier Tagen ...«

»Wer sind Sie denn überhaupt«, polterte Maul dazwischen. »Jetzt zeigen Sie mal Ihren Ausweis, aber schnell!«

»Den habe ich doch nicht dabei.« Sie klopfte sich etwas Mehl von der Kleidung, was Maul einen Schritt zurückweichen ließ, drehte sich um und ging in das Ladeninnere. Maul und Otto folgten hustend.

»So, dann verraten Sie uns vielleicht, wie Sie heißen und was Sie hier treiben?« Maul scannte den Laden in Sekundenschnelle. Er war ziemlich klein, die Inneneinrichtung stammte schätzungsweise noch aus den Sechzigerjahren. Abgesehen von ein paar Dosen mit Gummischlangen und Lutschern waren die Regale und Auslagen leer. Eine Registrierkasse schien es nicht zu geben.

»Ich bin die Renate, die Schwester vom Martin.«

»Haben Sie auch einen Nachnamen?«

»Buscher-Thürnagel ...«

»Um Gottes willen«, seufzte Maul. »Ein Doppelname! Ihr Mann tut mir leid!«

»Meinen Mann habe ich schon vor fünf Jahren vor die Tür gesetzt!« Sie drehte sich im Durchgang zur Backstube um und funkelte den leitenden Hauptkommissar herausfordernd an.

»Dann hat er ja noch einmal Glück gehabt. Wissen Sie, Frauen mit Doppelnamen haben immer ein Problem mit der natürlichen männlichen Autorität und wollen mehr sein, als ihnen zusteht!«

»Ist hier irgendwo eine versteckte Kamera?« Sie prüfte Mauls Jackenaufschläge und klopfte Otto die Schultern ab.

»Da könnte ich Ihnen stundenlang ungeliebte Wahrheiten erzählen ...« Beim Gedanken an seine Ex-Frau kam Maul die Galle hoch, doch riss er sich dann doch mal am Riemen. »Aber eigentlich will ich hier schnell einen Fall aufklären und dann noch rechtzeitig zum Abendessen. In Schwartenreuth gibt's heute nämlich Schlachtschüssel ...«

»Gerlinde«, rief Renate, »das musst du dir mit anhören, sonst glaubt mir das keiner ...«

»Also«, sagte Maul eine halbe Stunde später. »Dann wird mein Untergebener Otto Ihre Aussagen noch einmal zusammenfassen. Otto!«

»Ja, äh ...« Otto wischte etwas Mehl von seinem Block und musste husten. »Also, Sie, Frau Buscher-Thürnagel, sind die Schwester des Bäckermeisters Martin Buscher, der diesen Betrieb alleine betreibt. Frau Arglos ist als Verkäuferin an vier Tagen in der Woche tätig. Sie haben den Ort bereits vor zwanzig Jahren verlassen und so gut wie keinen Kontakt zu Ihrem Bruder. Nach dem Überfall wurden Sie von Frau Arglos angerufen und informiert. Daraufhin sind Sie umgehend hergekommen, um beim Aufräumen der Backstube zu helfen. Ihre Eltern sind bereits verstorben, weitere Angehörige gibt es nicht in der Nähe. Sie wissen nicht, was es mit diesem Butterbrot auf sich hat, und können sich auch nicht vorstellen, wer Ihren Bruder deswegen überfallen sollte. Ein mittelgroßer Mann mit einem Vorderlader und einem Fahrrad mit Anhänger ist Ihnen auch nicht bekannt.«

»Genauso stimmt's.« Renate zog an einer Zigarette. »Können wir jetzt weiterarbeiten?«

»Das ist aber schon ein wenig seltsam«, meldete sich Maul noch einmal zu Wort.

»Was, bitte?«

»Dass Sie jetzt so schnell da sind, nachdem Sie Ihren Bruder zwanzig Jahre kaum gesehen haben. Woher kommt denn diese plötzliche Verbundenheit?«

»Das hat weniger mit Verbundenheit zu tun, sondern mehr mit Hygiene.« Sie warf die Kippe auf den Boden und trat sie aus.

»So? Tatsächlich?« Maul schnippte mit den Fingern, woraufhin sich Otto eifrig bückte und den eben entsorgten Zigarettenrest mit spitzen Fingern in eine kleine Plastiktüte packte.

»Kein Mensch kann sagen, ob mein Bruder wieder wird und ob er dann den Laden weiterführen kann.« Renate wuchtete einen großen Mehlsack auf den Arbeitstisch. »Da muss jetzt großreinegemacht werden, damit Martin wieder anfangen kann ... wenn er kann. Sonst haben wir hier in wenigen Wochen eine Mäusemetropole!«

»Apropos«, Maul musste niesen und ließ sich von Otto ein Taschentuch reichen. »Wo hat er denn gehaust, Ihr Bruder?«

»Na hier«, Renate zeigte nach oben. »In der Wohnung im ersten Stock.«

»Das sieht ja aus wie eine Kommune«, sagte Maul verächtlich, nachdem er die Räume inspiziert und sich dann auf einem Küchenstuhl niedergelassen hatte – nicht ohne diesen vorher einer Stabilitäts- und Geruchsprüfung zu unterziehen. Die Wohnung über der Bäckerei bestand aus einer Küche und drei Zimmern. Ein Klosett gab es im Treppenhaus. Das Bett im Schlafzimmer bestand aus einem großen Futon, an den Wänden befanden sich mehrere bunt gefärbte Tücher. Statt Kleiderschränken gab es zwei offene Regale und ein paar Haken an der Wand. Im Wohnzimmer standen ein altes Sofa mit abgewetztem Bezug und zwei gleichartige Sessel. Als Tisch fungierte eine alte, hölzerne Kabelrolle. An der Wand gegenüber befand sich eine große Hi-Fi-Anlage aus den Siebzigerjahren. Ein großes Regal beherbergte ausschließlich Schallplatten, ein kleineres Bücher. Der dritte Raum war eine Mischung aus Rumpelkammer und Arbeitszimmer. Am Fenster ein alter Schreibtisch aus massiver Eiche. Darüber der gerahmte Meisterbrief von Martin Buscher, darauf ein Chaos aus Zetteln, Blättern, aufgeschlagenen Ordnern, Stiften, einem überquellenden Aschenbecher sowie einer verkrusteten Kaffeetasse.

»Wissen Sie denn schon, wer es war, Chef?«, fragte Otto. »Sie durchschauen doch immer alle gleich ...«

»Ja, das tue ich, Otto«, seufzte Maul. »Aber bislang kann ich nur sagen, von den zwei Grazien da unten war es keine. In diesem Verhau kann man aber auch nicht richtig denken!«

»Vielleicht gehen wir besser woandershin ...«

»Ja, das machen wir«, Maul sprang auf. »Wir müssen rausfinden, was es mit diesem komischen Brot auf sich hat. Und dann brauchen wir unbedingt ein paar Verdächtige!«

»Verdächtige? Aber wen sollen wir denn ...«

»Otto.« Maul lächelte maliziös. »Da musst du jetzt einfach mal deine grauen Zellen anstrengen, aber heute wird das nichts mehr, ich muss dringend zur Schlachtschüssel ... Morgen knöpfen wir uns dann alle noch einmal vor, die eine Aussage gemacht haben. Meine innere Stimme sagt mir, dass da was nicht stimmt.«

»Haben wir jetzt Feierabend, Chef?« Otto erlaubte sich ein schüchternes Lächeln.

»Ich schon, Otto, du nicht!«

»Aber, aber ... was soll ich denn machen?«

»Das werde ich dir jetzt gleich erklären!«

In der Nacht kam es zu einem vorläufigen Showdown in einem alten Stadel am Ortsrand von Tristengrün. Im Erdgeschoss standen ein alter Traktor Marke Eicher sowie verschiedene verrostete landwirtschaftliche Geräte. Eine Stiege führte im Inneren ins Obergeschoss, dessen eine Hälfte mit einer Bretterwand abgetrennt war. Als Zugang diente eine schwere Tür, die durch zwei große Vorhängeschlösser gesichert war. Eine zwielichtige Gestalt hatte sich mit einer Taschenlampe und einem Schlüsselbund daran zu schaffen gemacht. Nun war die Türe offen, und der Eindringling durchsuchte den Raum. An der jenseitigen Wand befanden sich sechs alte Bauernschränke, durch deren Ritzen ein blasses, gespenstisches Licht schien. Nachdem er eine der Schranktüren geöffnet hatte, riss sich der Einbrecher die Kapuze vom Kopf und gab ein triumphierendes »Na also. Hab ich's doch gewusst ...« von sich. Kurz darauf erhellte eine zweite Taschenlampe die Szenerie, und eine männliche Stimme rief halblaut: »Keine Bewegung. Polizei!«

»Otto«, rief Renate Buscher-Thürnagel. »Mein Gott, haben Sie mich erschreckt!«

»Tut mir leid, aber das ging nicht anders.« Otto trat aus dem Schatten und ging langsam mit gezückter Waffe auf die Frau zu. »Ich musste Sie ja observieren!«

»Ah, verstehe«, Renate lächelte zuckersüß. »Das hat Ihnen bestimmt Ihr Boss aufgebrummt, dieses Chauvinistenschwein ...«

»Also, Frau Buscher ... äh ... -Thürnagel, jetzt müssen Sie aber aufpassen, dass Sie nicht auch noch wegen Beamtenbeleidigung drankommen.«

»Wegen was denn sonst noch, Otto?« Sie öffnete den Reißverschluss ihrer Trainingsjacke und ging einige Schritte auf den Assistenten des Hauptkommissars zu.

»Na ja«, Otto wich etwas zurück. »Das da in den Schränken, das ist doch ...«

»... ein Schatz, Otto. Ein großer Schatz, und weißt du was? Ich würde dir was davon abgeben ...«

»Wie bitte?« Otto schluckte und wich noch weiter zurück.

»Das muss ganz schön hart sein, jeden Tag unter so einem Tyrannen zu leiden, oder?« Renate öffnete die ersten Knöpfe des Karohemds, das sie unter der Jacke trug. »Wie wär's, wenn wir jetzt zusammen ein wenig Spaß haben, und dann kriegst du einen Anteil, und alles ist gut?«

»Sie, Sie wollen doch nur eine Straftat vertuschen.« Otto musste heftig schlucken.

»Was für eine Straftat?«, flötete Renate, die sich schon fast des Hemdes entledigt hatte. »Ich habe das hier nur gefunden, sonst habe ich nichts damit zu tun. Ist das strafbar?«

»Das ... d... das könnte schon sein«, stotterte Otto, der es gerade noch schaffte, die Dienstwaffe wieder in das Holster zu stecken.

»Also, willst du jetzt auch mal Spaß haben?« Sie legte ihm auffordernd die Hand auf die Schulter.

»Da, da muss ich erst den Hauptkommissar fragen«, hechelte Otto und zückte sein Mobiltelefon.

Am frühen Nachmittag des nächsten Tages hatte der leitende Hauptkommissar folgende Personen auf den Dorfplatz befohlen: Renate Buscher-Thürnagel, Gerlinde Arglos, Florian Schwemmer, Peter Schnell und Alfred Hebeis. Maul hätte es gerne gesehen, wenn sie sich in einer Reihe aufgestellt und vor ihm salutiert hätten. Als jedoch außer dem Frührentner keiner der Anwesenden entsprechende Anstalten machte, seufzte er nur »Diese Gesellschaft macht mich krank« und ließ sich von Otto einen Klappstuhl aufstellen.

»Soso«, begann Maul schließlich seine Befragung. »Dann ist das also ein regelrechtes Kiffer-Kaff hier!«

»Was soll denn das jetzt heißen?«, empörte sich der Ex-Feuerwehrkommandant. »Wir sind eine ehrenwerte Gemeinde, auch wenn wir immer kleiner werden ...«

»Sparen Sie sich die Sonntagsreden«, knurrte Maul. »Frau Buscher-Thürnagel war so freundlich, uns gestern zu einer beachtlichen Hanfplantage zu führen, die dieser Hippie-Bäcker in seiner Scheune unterhalten hat.«

»Was?«, rief Schwemmer. »Das kann doch nicht sein ... Renate!«

»Also wirklich«, lachte Schnell. »In Tristengrün gibt es so etwas nicht!«

»Lasst gut sein, Jungs«, Renate winkte ab. »Ich hab's verbockt. Ich geb's ja zu!«

»Also wussten Sie davon, dass Ihr Bruder das Zeug fleißig in seine Brote gebacken hat«, triumphierte Maul. »Das ist Mitwisserschaft!«

»Nein, ich habe nichts davon gewusst«, rief Renate. »Ich habe nur zwei und zwei zusammengezählt. Ich wusste ja, dass mein Bruder schon immer für sich selbst was angebaut hat. Und wie ich dann von diesem Butterbrot gehört habe, war mir sofort klar, dass er wahrscheinlich das Dope in warmer Butter aufgelöst und dann unter den Brotteig gemischt hat. Nachdem ich von der Menge an Broten erfahren habe, wusste ich, dass er irgendwo eine kleine Plantage haben musste ... na ja, und da habe ich dann auch nicht lange suchen müssen. Den Stadel hat er schon früher dazu benutzt, weil er so abseits liegt.«

»Und Sie beide?« Maul deutete auf Schwemmer und Schnell. »Wussten Sie, dass der Buscher hier verbotene Substanzen anbaut und verarbeitet?«

»Ach Gott«, lächelte Schwemmer. »Der Martin hat schon als Jugendlicher ab und zu was geraucht, und da war er nicht der Einzige. Aber das hat sich immer im Rahmen gehalten. Nur, dass er so was in Brote backt, darauf wäre ich nie gekommen.«

»Und Sie?«, wandte Maul sich an den Schriftsteller Schnell.

»Ich, äh, nein. Wir leben erst seit fünf Jahren hier. Ich weiß davon nichts!«

»Ja, aber warum hat er denn das gemacht?«, fragte nun Otto. »Wenn er für sich selbst angebaut hat, dann braucht er die Droge doch nicht in Broten zu verstecken ...«

»Otto«, tadelte Maul. »Jetzt denk doch mal für zehn Pfennig nach. So eine Bäckerei in einem gottverlassenen Dorf wirft doch nichts mehr ab. Wahrscheinlich hätte er schon vor Jahren zusperren und zum Jobcenter gehen müssen. Stimmt's oder habe ich recht, Frau Arglos?«

»Na ja, ich habe mich schon manchmal gewundert, wie der Meister so über die Runden kommt.« Gerlinde hatte sich auf eine der Bänke neben Hebeis gesetzt und sah ungläubig zwischen Maul und Renate hin und her.

»Und über den saftigen Preis für so ein Butterbrot haben Sie sich nicht gewundert?«

»Das hat der Martin ja fast immer selbst verkauft, die Kunden sind immer gleich zu ihm in die Backstube gegangen ...«

»Und das hat Sie auch nicht gewundert?«

»Na ja, ich hab halt gedacht, das werden alles Freunde von ihm sein.«

»Waren es auch«, rief Maul. »Zumindest nachdem sie das erste dieser Brote abbekommen hatten ... also wussten Sie wirklich nicht, dass da ein Laib fünfzig Euro gekostet hat?«

»Nein, ich habe eigentlich nie eines davon verkauft. Der Meister hat gesagt, wenn einer so ein Butterbrot will, soll ich ihn nach hinten in die Backstube schicken.«

»So blöd kann man doch gar nicht sein!« Maul machte Anstalten, sich aus seinem Klappstuhl zu erheben.

»Jetzt lassen Sie doch die Gerlinde einmal in Frieden. Die ist halt nicht die Hellste!«, mischte sich der Schriftsteller ein.

»Im Gegensatz zu Ihnen, Herr Schnell, nicht wahr?« Maul ging auf den Mann zu und lächelte gönnerhaft.

»Darum geht es jetzt doch nicht. Ich weiß überhaupt nicht, was Sie von mir wollen!«

»Ihre Aussage überprüfen«, Maul lächelte immer noch. »Wie die von allen hier. Und dann werden wir ganz schnell wissen, wer die Brote geraubt und den Hippiebäcker fast erschossen hat!«

»Was haben Sie denn an meiner Aussage auszusetzen?«, fragte der Schriftsteller entgeistert.

»Haben Sie vielleicht einmal Feuer für mich?«, fragte Maul, während er sich von Otto eine Zigarette geben ließ.

»Ich, äh, nein ... warum ...«

»Und Kippen haben Sie auch keine bei sich, oder?« Der leitende Hauptkommissar nahm den Glimmstängel wieder aus dem Mund und ging auf Schnell zu.

»Nein, ich habe keine Zigaretten, ich rauche ni... äh ...«

»Ich war gerade vor meiner Tür und habe eine Zigarette geraucht«, zitierte Maul aus Schnells Aussage. »Und dann gleich noch eine!«

»Ja, so war es auch!«

»Sie rauchen überhaupt nicht, stimmt's oder habe ich recht?«

»Ich, äh, ich rauche nur wenig, aber manchmal halt schon!«

»Sollen wir uns bei Ihnen mal umsehen, ob wir irgendwo eine Schachtel Kippen finden oder einen Aschenbecher?« Maul näherte sich dem Autor immer weiter und schnüffelte demonstrativ an dessen Klamotten.

»Nein, wie kommen Sie darauf? Haben Sie überhaupt einen Durchsuchungsbefehl?« Schnell wich einen Schritt zurück.

»Ah, da kennt er sich aus, der Herr Kriminalschriftsteller.« Maul nahm wieder auf seinem Klappstuhl Platz. »Vielleicht sollten wir mal Ihre Frau befragen, ob Sie Raucher sind?«

»Die weiß das ja auch nicht«, flüsterte Schnell. »Ich muss heimlich rauchen, weil meine Frau das überhaupt nicht ausstehen kann!«

»Frauen riechen so was«, konstatierte Maul. »Die riechen alles, das kann ich Ihnen aus Erfahrung sagen. Aber wenn man zwei Kinder hat, dann sollte man wirklich nicht ...«

»Drei Kinder«, korrigierte Schnell.

»Drei Kinder«, grinste Maul. »Da habe ich ja fast richtig geraten. Jedenfalls braucht man da einen Haufen Geld, und für einen Haufen Geld muss man viele Bücher schreiben, nicht wahr?«

»Was hat denn das jetzt mit dem Rauchen zu tun?«

»Wissen Sie, was eine Schachtel heute so kostet?« Maul ließ sich nun von Otto Feuer geben und inhalierte einmal genüsslich. Der Gefragte antwortete nicht.

»Ist ja auch egal«, fuhr Maul fort. »Jedenfalls müssen Sie

jedes Jahr mindestens zwei Bücher schreiben, um über die Runden zu kommen, nicht wahr?«

»Ja, und? Das ist halt mein Job!«

»Da braucht man doch am laufenden Band neue Ideen. Wo nehmen Sie die denn her?«

»Das nennt man Phantasie, Herr Kommissar ...«

»Hauptkommissar«, korrigierte Otto.

»Leitender Hauptkommissar«, korrigierte Maul.

»Jedenfalls ist das mein Beruf, ich frage Sie ja auch nicht, wie Sie Straftäter überführen.« Schnell verschränkte trotzig die Arme vor der Brust.

»Mit Erfahrung, Lebensweisheit und Intuition«, erklärte Maul. »Jedenfalls brauche ich dazu keine Drogen. Ich berausche mich an mir selbst!«

»Sie wollen mich allen Ernstes verdächtigen, nur weil ich jedes Jahr zwei Bücher schreibe und drei Kinder habe?«, lachte Schnell.

»Haben Sie gewusst, dass der Buscher Kifferbrot verkauft?«, fragte Maul dagegen.

»Nein, das habe ich doch schon gesagt! Woher sollte ich das auch wissen?«

»Weil der Kerl schon aussieht wie ein Kiffbruder, deswegen!«

»Das sind jetzt aber ganz abgedroschene Vorurteile, nur weil er lange Haare hat und ...«

»Schluss jetzt«, rief Maul. »Wo waren Sie am Donnerstag zwischen zwölf und halb eins?«

»Vor meinem Haus. Das habe ich bereits zu Protokoll gegeben!«

»Also bleiben Sie dabei?«

»Ja! Und der Florian hat den wahren Täter doch gesehen!«

»Was uns zur nächsten Falschaussage bringt.« Maul drehte sich etwas herum und nahm den ehemaligen Feuerwehrkommandanten ins Visier.

»Sie, gell«, Schwemmer warf sich in die Brust. »Nehmen Sie sich hier mal nicht zu viel heraus!«

»Sie wollen den Täter auf der Dorfstraße in Richtung Knobbernhofen gesehen haben.«

»Das habe ich auch!«

»Das ist aber in der entgegengesetzten Richtung vom Haus von Herrn Schnell.« Maul deutete nach Westen.

»Das kann ich auch nicht ändern!«

»Merkwürdig ist nur, dass der gute Herr Hebeis hier überhaupt nichts gesehen hat, und der hätte das doch mitkriegen müssen.« Maul ging zu der Bank, auf der der Alte neben Gerlinde saß, und klopfte ihm auf die Schulter.

»Der Alfred«, lachte Schwemmer. »Nix für ungut, aber der kriegt viel nicht mit. Die meiste Zeit schläft der doch hier auf seiner Bank!«

»Er hat aber den Schuss gehört«, Maul klopfte weiter. »Nicht wahr, Alterchen?«

»Ja, ja«, bestätigte Hebeis mit rauer Stimme. »Einen Schuss hab ich schon gehört ... aber dann habe ich nix gesehen.«

»Weil es der Schnell war, der danach mit der Beute zum Hintereingang raus ist, dann über die Kirchgasse hinten in seinen Garten und wahrscheinlich ab in den Keller.« Maul deutete in Richtung der Bäckerei, die vom Dorfplatz aus nicht zu sehen war. »Dann passt die Aussage vom Herrn Hebeis, weil er diesen Fluchtweg von hier aus nicht sehen konnte. Wäre der Täter wirklich mit einem Fahrrad mit Anhänger in Richtung Knobbernhofen davon, hätte er über den Dorfplatz gemusst!«

»Dann hat er halt nicht aufgepasst«, rief Schwemmer mit gerötetem Gesicht. »Sie werden doch nicht allen Ernstes dem Dorfdeppen mehr glauben wollen als mir!«

»Genau das tue ich aber.« Maul bückte sich und drückte seine Zigarette am Boden aus. Dann übergab er sie Otto, der den Stummel im nächsten Abfallbehälter entsorgte. »Mir glaubt auch nie jemand, obwohl ich immer recht habe. Stimmt's, Otto?«

»Jawohl, Herr Hauptkommissar«, beeilte sich der Assistent zu versichern. »Man könnte glauben, Sie sind ein Hellseher!«

»Dabei habe ich nur fünfzig Jahre Lebenserfahrung und gehe mit offenen Augen durchs Leben. Man kann viel erkennen, wenn man nicht scheintot ist ...«

»Das reicht mir jetzt.« Schwemmer funkelte den Lebhaftigen an. »Ich werde mir diesen Unfug nicht länger mit anhören, ich gehe jetzt heim!«

»Zu Ihrer Alten, oder wie?«, fragte Maul.

»Was soll denn das jetzt heißen?« Der Ex-Feuerwehrler wurde noch röter, sodass Schnell sich genötigt sah, ihm beruhigend auf den Arm zu tätscheln.

»Sie haben doch Bluthochdruck, nicht wahr?«, fuhr Maul fort.

»Das geht Sie einen Scheißdreck an!«

»Wahrscheinlich hatten Sie schon einen Herzinfarkt oder mehrere und sind deswegen Frührentner. Frührentner kriegen nicht viel Rente. Und wenn man dann so einen Drachen daheim hat wie ich früher, dann muss man raus. Und wenn man dann auch nicht mehr für die Feuerwehr taugt und das letzte Wirtshaus im Dorf zuhat, dann braucht man starke Drogen, damit man das aushält.« Maul streckte die Beine aus, sah auf seine Schuhspitzen und fuhr fort: »Ich habe das ja alles mit sechs Bier am Abend runtergespült. Aber bei Bluthochdruck geht das nicht mehr, und wahrscheinlich hat Ihr grauer Vogel daheim da auch den Finger drauf ...«

»Reg dich nicht auf, Florian«, sagte Schnell. »Wir werden gegen diesen Herrn eine Dienstaufsichtsbeschwerde einreichen!«

»Ja, da müssen Sie sich aber hinten anstellen«, grinste Maul. »Und das ändert nichts daran, dass Sie beide hier unter einer Decke stecken. Sie hätten auch gerne was von dem Haschbrot abgehabt, aber Sie konnten es sich nicht leisten. Zweimal im Monat fünfzig Euro macht im Jahr eintausendzweihundert Euro, dafür muss man viele Bücher verkaufen. Und da haben Sie sich einen feinen Plan ausgedacht. Nur dumm, dass das Schießeisen losgegangen ist und der Dealer-Bäcker noch im Koma liegt. Sonst hätte die Staatsanwaltschaft das Ganze früher oder später eingestellt. Aber jetzt haben Sie es mit Rainer Maul zu tun, und der durchschaut Sie alle!«

»Der ist völlig durchgeknallt«, sagte Schnell.

»Frau Arglos«, wandte Maul sich an die Verkäuferin. »Hat denn der Täter ungefähr so ausgesehen wie Herr Schnell?«

»Ach Gott, der war doch maskiert ...« Gerlinde sah sich hilflos um. »Von der Größe her schon, aber ...«

»Wie hat er denn gesprochen?«, hakte Maul nach. »Dialekt oder hochdeutsch?«

»Ja, schon hochdeutsch ... oder so, von da war der jedenfalls nicht.«

»Also«, Maul erhob sich ächzend. »Gestehen Sie jetzt?«

»Nein! Das muss eine Strafe von unserem Herrgott sein«, knurrte Schwemmer.

»Gut«, seufzte Maul. »Otto bestellt jetzt einen Streifenwagen, und dann nehmen wir Sie erst einmal mit. Die Durchsuchungsbefehle dürften dann nur eine Frage der Zeit sein!«

Nachdem ein Streifenwagen vorgefahren war und die laut protestierenden Herren abtransportiert hatte und nachdem auch der leitende Hauptkommissar sich von seinem Mitarbeiter wieder hatte abchauffieren lassen, saßen Gerlinde Arglos und Alfred Hebeis immer noch auf der Bank am Dorfplatz und sahen dem Brunnen beim Plätschern zu.

»Und jetzt hat keiner wissen wollen, wo der Schnell den Vorderlader hergehabt hat«, sagte Hebeis, nachdem er in ein altes, fleckiges Stofftaschentuch geschnäuzt hatte.

»Stimmt«, Gerlinde drehte sich zu dem Alten. »Woher soll der so ein Ding gehabt haben. Das ist doch ein Neigschlaafder. Der ist nicht im Schützenverein.«

»Nein, aber der alte Hahn-Schorsch war.«

»Aber der ist doch schon seit ... äh ...«, Gerlinde behalf sich beim Zählen mit den Fingern, »... sieben Jahren tot.«

»Ja, und dann hat der Schnell sein Haus gekauft und ganz neu hergerichtet.«

»Und, was hat das jetzt mit dem Gewehr zu tun?«

»Der Hahn-Schorsch hat in seinem Keller doch noch so ein Ding gehabt, das war eine Antiquität von seinem Großvater aus der Schlacht von ... äh, Ding ...«

»Ach so«, Gerlinde zog die Augenbrauen hoch. »Und du meinst, das hat der Schnell bei der Hausrenovierung gefunden?«

»Na freilich.« Hebeis stocherte mit seinem Stock im Kiesboden. »Der Hahn-Schorsch hat doch keine Erben gehabt, und der Bürgermeister war froh, dass er so schnell einen Käufer für die Bruchbude gefunden hat, sonst wär das alles nur weiter vor sich hin verrottet.«

»Und ich weiß noch, dass dem Schnell seine Frau so begeistert war, weil da so viele«, sie wechselte in hochdeutschen Singsang, »antike Stücke in diesem Haus sind.«

»Ja, ja«, nickte Alfred. »Alles voller Plunder und das ganze Anwesen unter Denkmalschutz. Das hat den Schnell einen Haufen Geld gekostet, da kannst du sicher sein.«

»Schlimm, schlimm«, nickte auch Gerlinde. »Jetzt hoffen wir bloß, dass der Martin wieder wird ...«

»Der wird schon wieder«, brummte Hebeis. »Der wird sich nur umschauen, wenn jetzt sein ganzer Stadel von der Polizei leer geräumt ist.«

Gerlinde sah nach oben. »Der wird sich schon zu helfen wissen. Dieses Butterbrot kann er sowieso nicht mehr backen.«

»Ja, bei dem ganzen Elend braucht man schon ab und zu einmal was für den Frohsinn. Ich hab mir das ja leider nie leisten können. Und billiger wollt er's mir nicht geben. War schon ein Knicker, der Martin.« Seufzend langte Hebeis in die Innentasche seiner speckigen Jacke und förderte mehrere Scheiben Backwerk zutage, die in ein altes Butterbrotpapier eingewickelt waren.

»Ich hab ihm ja auch zugeredet, dass er nicht immer so sein soll.« Gerlinde zuckte mit den Schultern. »Aber der hat die Brote auch immer abgezählt und aufgepasst wie ein Schießhund, dass keins wegkommt ...«

»Magst auch eins?«, fragte er die Bäckereiverkäuferin. »Ich hab jetzt mehr davon.«

»Ich weiß.« Sie grinste etwas verlegen und langte zu.

Sigrun Arenz
Hänsel und Gretel im Lebkuchenwald

»Knusper, knusper, knäuschen, wer knuspert an meinem Häuschen?«

Ein Rippenbogen, nach hinten gewölbt, eine Brustwarze, ein Bauchnabel, ein Hüftknochen.

»Der Wind, der Wind, das himmlische Kind!«

Ein Atemhauch auf weißer, nackter Haut, ein Stocken des Atems, ein Innehalten. Dann ein Lachen. »Ein Gingerbread House, ernsthaft? So was fällt wirklich nur euch Deutschen ein.« Lebkuchenhäuschen auf dem Weihnachtsmarkt, Hänsel und Gretel und die Knusperhexe in ihrer Hütte aus Zuckergebäck, Lebkuchen, die in Wirklichkeit verzauberte Kinder sind. »Ein bisschen verrückt ist das schon.«

»Weißt du mit deinem Mund nichts Besseres anzufangen, als meine Landsleute zu beleidigen?«

Ein lüsternes Grinsen. »Ah, now you're talking.«

Dann Schweigen. Schweigen, aber keine Stille.

Natürlich war das so nicht geplant gewesen damals, dachte sich James Cowper, während er seine Reisetasche vor dem Terminalgebäude des Flughafens Stansted aus dem Taxi hievte. Im Inneren warteten bereits einige der Jungs seiner Schule auf ihn, die meisten in Begleitung ihrer Mütter, von denen mehrere definitiv in die Kategorie »Yummy mommies« fielen und einige ihn mit kaum verhohlenem Interesse musterten. »No, thanks, ladies«, murmelte er, ehe er sein freundlich-professionelles Lehrerlächeln aufsetzte. Dann brach der übliche Chor von Jungenstimmen über ihn herein.

»Sir, kann ich im Flugzeug neben Adam sitzen?«

»Meine Austauschpartnerin sagt, ihr Hobby ist Shoppen und sie hasst Sport! Worüber soll ich mich denn mit der unterhalten?«

»Sir, ich hab meine Reisetabletten vergessen, kann ich jetzt noch welche kaufen?«

»Meinen Sie, die deutschen Mädchen sind anders als unsere, Sir?«

»Sir, ich glaube, mein Koffer ist zu schwer. Wir hatten keine Waage! Was soll ich machen?«

Es gab nichts, was James bei früheren Aufbrüchen zum Schüleraustausch mit dem kleinen fränkischen Gymnasium nicht schon gehört hatte. Er war seit zwölf Jahren Lehrer, und er wusste, wie die Jungs tickten. Vor allem, weil es an der deutschen Partnerschule Mädchen gab – mehr Mädchen als Jungen sogar. Da kam es dann schon mal zu Dramen, Tränen und Liebeserklärungen. Im vergangenen Jahr war alles gut gegangen, die Jungs hatten einen super Eindruck hinterlassen, niemand hatte sich unglücklich verliebt, keiner war in einen Cybermobbing-Fall verwickelt gewesen oder in die Pegnitz gefallen. Was wollte man mehr? Der Einzige, der sich ein wenig danebenbenommen hatte, war James Cowper selbst gewesen, und er war sehr froh, dass es sich bei seiner kleinen Indiskretion um eine Referendarin gehandelt hatte, die am Ende des Halbjahres an ihre Seminarschule zurückkehren musste. Jessika war im vergangenen Jahr in der Gruppe deutscher Kollegen gewesen, die ihn gleich am ersten Abend auf den Weihnachtsmarkt eingeladen hatten. Und gleich am ersten Abend waren sie zusammen weitergezogen, als der Markt schloss und die anderen sich verabschiedet hatten. Ganz wohl hatte er sich nicht dabei gefühlt, nach seiner Rückkehr ihre Textmeldungen zu ignorieren, aber was hätte er denn sagen sollen? »Sorry, aber ich habe leider vergessen zu erwähnen, dass ich verheiratet bin«?

»Sir?« Das war Joshua, der ihn mit seinem treuherzigsten Grinsen ansah. »Was ist ›Lebekucken‹? Meine Austauschpartnerin hat gesagt, das ist eine deutsche Spezialität.«

Lebkuchen selber zu backen war nicht wirklich eine Herausforderung, auch wenn der zähe Teig gar nicht so einfach zu verarbeiten ist. Oblaten waren da schon eine andere Sache. »Mädel, da ist auch bei gekauften nichts als Weizen und Wasser drin«, hatte ihre Mutter gesagt. »Und eine Packung kostet vielleicht einen Euro. Man kann es auch übertreiben mit dem Selbermachen.« Sie hatte zugestimmt, weil es einfacher war, und sich danach lange im Internet herumgetrieben. Ihre Browserhistorie umfasste neben Plattformen für Rezepte am Ende diverse Frageforen und mehrere Anbieter von Kirchenbedarf sowie die Suchanfrage »Backeisen für Hostien«. Dann ging sie zum Supermarkt und kaufte ihre Lebkuchenoblaten dort. Gelegentlich hatte ihre Mutter recht. Vor allem gab es gewisse Grenzen, und geweihte Hostien mit gestanztem Kreuzzeichen für ihre Zwecke zu benutzen wäre doch einen Schritt zu weit gegangen. Schließlich konnte man zu Jesus nicht sagen: »Schau mal kurz weg.« Selbst wenn man gar nicht an ihn glaubte.

In der Aula der Schule stand ein schön geschmückter Weihnachtsbaum, dessen elektrische Kerzen ein angenehmes Licht verbreiteten. Die Deutschen konnten Weihnachten einfach besser, das musste man ihnen lassen. Obwohl ... »Schau mal, Josh«, rief Adam kichernd und deutete auf die grünen Zweige. James Cowper riskierte einen unauffälligen Blick und entdeckte das aus roter Pappe ausgeschnittene

Ornament, das zweifellos in einem unbeobachteten Moment von einem pubertierenden Jugendlichen aufgehängt worden war. Von der Tür der Aula her näherte sich gerade eine Delegation von Lehrern, allen voran die kleine, strenge Schulleiterin, und James zog den zweifelhaften Baumschmuck schnell von dem Zweig und verbarg ihn in seiner Hand. »Mr Cowper, wie schön, Sie auch dieses Jahr wieder hier zu sehen«, begrüßte ihn Frau Dr. Müller. »Ich hoffe, Sie hatten eine gute Reise.«

»Hi, James«, grinste Florian, der junge Englischlehrer, bei dem James schon im vergangenen Jahr gewohnt hatte. »Alles klar?«

»Erinnerst du dich noch an mich?«, fragte eine andere Stimme, die James definitiv nicht erwartet hatte. Sie gehörte zu einer Woche voller atemloser Nächte, die er seither weitgehend aus seinem Gedächtnis verbannt hatte, weil es so einfacher war. »Stell dir vor, dass ich nach dem Referendariat ausgerechnet hier gelandet bin.« Jessika. Er starrte sie an. Die Tatsache, dass seine Finger ein ziemlich krudes Phallussymbol aus roter Pappe umschlossen, machte die Sache nicht besser. Fuck, war sein erster Gedanke. Der zweite war ganz ähnlich formuliert, ging aber in eine andere Richtung.

Ihre Finger ertasteten tausend, nein, zweitausend Jahre Backgeschichte, wenn sie die Küchenschublade mit den Zutaten für die Lebkuchen aufzog. Honig in einem Tonkrug. Ein Glasgefäß mit Mandeln. Und natürlich die Gewürze. Anis, Zimt, Koriander, Nelken ... Schon die Ägypter hatten Honigkuchen gebacken und ihren Toten mit ins Grab gelegt. Ein schöner Gedanke, auf dem Weg ins Jenseits etwas Süßes zum Naschen dabeizuhaben, fand sie. Der klassische

Lebkuchen war dann in den mittelalterlichen Klöstern erfunden worden, als nahrhafte Speise für die darbende Bevölkerung zu Notzeiten und zusammen mit starkem, dunklem Bier als Nahrung in der Fastenzeit. Im Geist schickte Jessika den mittelalterlichen ersten Lebküchnern einen kleinen Gruß durch die Geschichte, während sie das Wiegemesser herausnahm und begann, Orangeat und Zitronat fein zu schneiden. Lebkuchen, Pfefferkuchen. Sie musste lächeln. Die Bezeichnung hatte sie schon als Kind fasziniert. »Warum heißen die so, wenn da gar kein Pfeffer drin ist?« Heute war die Antwort eine Google-Suche entfernt, aber ihre Eltern hatten immer nur die Schultern gezuckt. Es hatte sie auch nicht besonders interessiert, als sie eines Tages voller Begeisterung heimgekommen war und verkündet hatte, dass sie die Antwort jetzt wusste. »Früher haben sie alle Gewürze einfach Pfeffer genannt!«, hatte sie gerufen. Die Offenbarung hatte sie ihrer Großmutter zu verdanken, die nie sagte, dass sie zu viele Fragen stellte. Stattdessen hatte sie angefangen zu erzählen: dass Nürnberg im Mittelalter an einer Kreuzung wichtiger Handelsstraßen gelegen war und deshalb immer Gewürze aus fremden Ländern verfügbar gewesen waren. Und dass die Nürnberger Gegend Heimat für viele Zeidler war, deren Bienen den Honig für die Herstellung von Lebkuchen lieferten. Sie schob das zerkleinerte Orangeat mit dem Messer von dem Wiegebrett in eine Schüssel, säuberte die Klinge und hob dann vorsichtig den Tonkrug mit dem Honig auf die Arbeitsfläche.

»Sir, meine Gastfamilie ist cool! Wir waren gestern auf dem Chriskindelmark! Da gibt es Figuren aus *prunes* – die heißen auf deutsch Sweschgenmennle!«

»Nein, Schwesgen, du Idiot!«, verbesserte Adam. »Schwesgenmenla! Die Deutschen sind verrückt!« Er grinste zu James Cowper auf. »Aber ich finde es auch gut hier. Warum müssen wir Schuluniformen tragen und die nicht?«

Es gelang James, nicht die Augen zu rollen, aber wenn er jedes Mal ein Pfund bekäme, wenn einer seiner Jungs diese Frage stellte, wäre er ein reicher Mann. Zugegeben, er genoss es selber, mal nicht so förmlich herumzulaufen. Und mit Jeans und einem weißen Hemd unter seinem Cricketpullover war er immer noch erheblich besser angezogen als Florian, den er kurz darauf in Jogginghosen im Lehrerzimmer antraf.

»Morgen fahrt ihr nach München, oder?«, fragte Florian, als James sich neben ihn setzte. Er seufzte. »Ich wünschte, ich könnte auch mitkommen. Aber ich habe morgen Englischschulaufgabe in der Oberstufe und eine praktische Sportprüfung. Jessika kommt stattdessen mit.«

»Lovely«, erwiderte James schwach und widerstand dem Drang, mit dem Kopf gegen die Tischplatte zu schlagen. Schließlich waren sie erwachsene und vernünftige Menschen, die über alles ... Jessika, die an der Garderobe stand, drehte sich zu ihm um. »Hi«, grinste sie. Sie musste gerade von draußen hereingekommen sein; ihr Gesicht war rot von der Kälte, und auf dem Mantel, den sie eben an den Haken hängte, schmolzen ein paar Schneeflocken. »Ganz schön heiß hier drinnen«, bemerkte sie und zog sich auch noch den Pullover über den Kopf.

»Oops«, lachte sie und schob die Bluse, die mit hochgerutscht war, wieder über ein entblößtes Stück Bauch und Hüfte. James fand es auf einmal auch ziemlich warm im Lehrerzimmer, und als er etwas später an der Garderobe vorbeikam, blieb er kurz stehen, als wollte er die Aushänge an der Tafel dahinter lesen, und atmete den Duft ein, der in ihrem Mantelkragen hing, eine Mischung aus einem blumigen Parfüm und einem würzigen, vage weihnachtlichen Aroma. Er musste an Lebkuchenhäuschen denken, und die Erinnerung tat nichts dazu, die Temperatur um ihn herum zu senken.

Die Gewürze standen in schönen Dosen in einem bunten Holzregal, jedes an seinem Platz. Jessika brauchte kaum hinzuschauen; ein flüchtiger Blick genügte, um nach dem richtigen Behälter zu greifen. Das Regal stammte von ihrer Großmutter, die ihr beigebracht hatte, wie die Gewürze hießen und was man mit ihnen machte. »Muskatnuss«, hatte sie gesagt und ihr die kleine, braune Kugel mit der etwas faltigen Schale in die eine Hand gelegt, in die andere eine feine Raspel. »Damit reibst du ein wenig in den Kartoffelbrei. Für Lebkuchenteig brauchst du das auch.« Sie hatte Jessika am Honig riechen und Mandeln mit kochendem Wasser übergießen lassen, um die Schalen abzulösen. Jetzt, in ihrer eigenen Küche, erschnupperte sie die anderen Aromen, die sich unter der Schirmherrschaft des Zimts zu einem vage weihnachtlichen Duft gemischt hatten, dessen einzelne Komponenten kaum noch zu entschlüsseln waren, und lächelte zufrieden. Im Mittelalter waren exotische Gewürze in Nürnberg gehandelt worden, aber das bedeutete nicht, dass sie in den Töpfen der Bürger gelandet wären. Dazu waren sie viel zu wertvoll gewesen. Zu wertvoll und zu wirkkräftig. Gewürze waren Medizin gewesen, und als solche waren sie auch in den Lebkuchen verbacken worden. »Ein Mensch, der ein hitziges Fieber in sich hat, trinkt Galgantpulver in Quellwasser, und er wird das hitzige Fieber löschen«, hatte Hildegard von Bingen

geschrieben. In Jessikas Regal befand sich ein kleines Dös-
chen mit dem Gewürz. Sie strich mit dem Finger über das
Etikett und ließ sich das Wort auf der Zunge zergehen. Gal-
gant. Sie mochte den Klang. Aber ein Feuer zu löschen war
im Moment wirklich nicht ihre Absicht. Ihre Finger kamen
auf dem Gefäß daneben zu ruhen. Ja, das war es, was noch
fehlte. Ihre Hand umschloss das Glas und hob es vorsichtig
hinunter auf die Arbeitsplatte.

Der Ausflug nach München war für seine Schüler immer
einer der Höhepunkte der Austauschwoche. Für James
bedeutete er normalerweise, sich in der Innenstadt irgendwann mit dem begleitenden Kollegen für zwei Stunden in
einen Bierkeller zu setzen, um die schönste Seite der bayerischen Kultur zu genießen, während die Jungs in Grup-
pen die Innenstadt erkunden durften. Nach zwei Stunden
sah er sie dann meist aus der nächsten McDonald's- oder
Starbucks-Filiale zum Treffpunkt zurückkehren, wo sie
zweifellos unschätzbare kulturelle Einblicke in die deutsche
Lebensart gewonnen hatten. Wenn er Glück hatte und sich
auf der Rückfahrt im Bus keiner übergab, wertete er den
Tag als Erfolg.

Dieses Jahr war er froh, als er die Busfahrt heil über-
standen hatte. In seinem Hinterkopf pochte ein leichter
Schmerz, als sie vor dem Schultor in den eiskalten Abend
hinaustraten. Seine Schüler verabschiedeten sich und ver-
schwanden mit ihren Austauschpartnern oder deren Eltern
in der Nacht. »Dann geh ich auch mal«, erklärte Jessika,
nachdem alle Schüler fort waren und sie sicher sein konnten, dass niemand zurückgeblieben war.

James wandte sich zu ihr um, halb erleichtert, halb ungläubig. Sie hatte im Bus neben ihm gesessen, zwei Stunden

144

lang, und ihr Parfum hatte ihn fast wahnsinnig gemacht. Sie schien umgeben von einer Wolke aus weihnachtlichem, warmem Duft, der nicht im Entferntesten beruhigend war, sondern seltsam aufpeitschend. Selbst das Bier im Braukeller hatte ihn nicht abkühlen können, weil sie ihm gegenüber saß, die Jacke aufgeknöpft über einer Bluse, die fast durchsichtig war.

»Sir, Miss Schmidt ist hot, nicht wahr?«, hatte Joshua, einer seiner Jungs, schon bei ihrer Ankunft in München mit einem Grinsen zu ihm gesagt. James hatte ihn streng angestarrt. »Erinnere mich an die Richtlinien unserer Schule, was erniedrigende, sexistische Bemerkungen angeht«, hatte er Josh ermahnt.

Der hatte in gespieltem Nachdenken die Stirn gerunzelt. »Lass dich nicht dabei erwischen?«

»James?«, fragte Jessika jetzt, ein wenig irritiert über sein Schweigen. »Ich sagte, ich geh dann ... wenn du mich nicht mehr brauchst.« Der Nachsatz blieb in der kalten Luft hängen.

Er starrte sie fiebrig an, und einen Moment lang glaubte er, in ihrem Gesicht so etwas wie Unsicherheit zu erkennen, das kleine Erschrecken eines Menschen, der sich plötzlich fragt, ob er zu weit gegangen ist. Dann lächelte sie, das Zögern wie fortgeweht. »Wollen wir noch was trinken gehen?«, schlug sie vor. »Das Irish Pub ist ganz in der Nähe.«

Die Wärme der Kneipe schlug ihnen entgegen, als sie zur Tür hereinkamen, und mit der Wärme roch er wieder ihren Duft, würzig, geheimnisvoll, verlockend. Als sie ihren Mantel auszog, beugte er sich näher zu ihr, um den Geruch einzuatmen. Ihr Lippen waren plötzlich ganz nah, aber ehe er sie küssen konnte, verzogen sie sich zu einem überraschten, amüsierten Lachen, und sie wandte sich ab von ihm. »Was macht ihr denn hier?«, fragte sie die Jugendlichen, die an einem Tisch in der Nähe saßen.

James unterdrückte einen Fluch, als er Josh und Tom mit ihren Austauschpartnerinnen erkannte, die ihn und Jessika voller Interesse ansahen.

»Ich hoffe, das ist kein Bier in euren Gläsern«, blaffte er Josh an. »Ihr kennt die Regeln für den Austausch: kein Alkohol, kein unangemessenes Benehmen.«

Der Junge starrte ausdruckslos zurück. »Oh ja, wir kennen die Regeln, Mr Cowper.«

Das hohe Glas mit dem Mehl hatte sie nicht angerührt. Der feinste aller Lebkuchen, der Elisen, darf maximal zehn Prozent Mehl enthalten, vorzugsweise verzichtet er ganz darauf, und Jessika wäre nicht einmal auf den Gedanken gekommen, eine andere als die perfekte Variante zu wählen. Vanille, Piment, Nelken, Zimt, Kardamom ... die Gewürze sollten im Elisen ihre Wirkung möglichst ungehindert entfalten können.

Der Legende nach ist es der verzweifelte Versuch eines Lebküchners gewesen, seine schwerkranke Tochter zu retten, dem die Welt den Elisenlebkuchen zu verdanken hat. Voller Vertrauen auf die Heilkraft der orientalischen Gewürze soll er den schönsten und verlockendsten aller Lebkuchen gebacken haben, duftend und wunderbar verziert, weil das Auge schließlich mitisst, und ihn der geschwächten Elisabeth serviert haben. Wie durch ein Wunder soll das Kind wieder gesund geworden sein, und der heilkräftige Lebkuchen erhielt den Namen der Tochter, die ihm ihr Leben zu verdanken hatte.

Jessika hatte mit Legenden nicht allzu viel am Hut, aber als sie die Ofentür öffnete und ihr der würzige Geruch ent-

gegenschlug, konnte sie für einen Moment lang fast glau-
ben, dass dieses Gebäck über Tod oder Leben entscheiden
konnte. Sie ließ den Blick über die Mandelverzierungen
schweifen und nickte. Sie waren perfekt.

»Die Woche ist wieder mal wie im Flug vergangen«, bemerkte Florian mit einem Blick auf James' Gepäck, das in einer
Ecke des Lehrerzimmers stand. »Und auch in diesem Jahr
sind zum Glück keine größeren Dramen zu vermelden.«

»Hm«, stimmte James ein wenig halbherzig zu und
blickte Jessika hinterher, die gerade das Lehrerzimmer verließ. Die unbeantwortete Frage war, ob in dieser Woche zu
viel oder zu wenig passiert war.

Sie trat aus der Tür der Bibliothek, als er kurz darauf die
Treppe hinunterkam. Er hatte das seltsame Gefühl, dass
sie ihn erwartet hatte. Ihre Lippen glänzten; sie musste sie
eben erst eingecremt haben. Er starrte auf ihren Mund,
konnte nicht wegschauen.

»Wir fliegen heute heim«, sagte er, weil ihm nichts Besseres einfiel.

»Habe ich gehört«, erwiderte sie. Ihr Tonfall verriet
nicht, was sie darüber dachte, aber ihre Lippen waren eine
Einladung. Ohne nachzudenken beugte er sich nach vorne
und küsste sie. Der Geschmack von Zimt und Koriander
und anderen, heißeren Dingen klebte an seinen Lippen, als
einen Moment später der Schulgong ertönte.

»Kommst du mal nach England?«, fragte er unvermit-
telt. »Dann könnten wir uns sehen.«

Sie lächelte ihn sehr freundlich an und schüttelte den
Kopf. »Ich fürchte, das wird sich nicht ergeben«, antwortete sie. »Aber ich habe was für dich zum Abschied.«

Der Nürnberger Flughafen war im Vergleich zu Stansted ein überschaubares Areal, doch die Schüler waren nach einer Woche in Deutschland und nach dem Abschied von ihren Partnern aufgeregt und überdreht, ihre Stimmen erschienen ihm noch lauter als vor dem Abflug aus London. Aber vielleicht hatte er da einfach noch bessere Nerven gehabt.

»Sir, ich kann meinen Pass nicht finden! Vorhin war er noch da!«

»Schauen Sie mal, Sir, meine Austauschpartnerin hat mir dieses riesige Geschenk mitgegeben!«

»Haben Sie auch ein Geschenk bekommen, Sir?«

James schickte die SMS los, die er gerade getippt hatte, und schaute auf. »Ich habe von der Direktorin ein Buch über Franken bekommen und von meinem Gastgeber eine DVD mit einem deutschen Film. Und Lebkuchen. Von Miss Schmidt.« Er öffnete seinen Rucksack. »Seht ihr, es ist ein Adventskalender, ein Lebkuchenhaus wie in dem Märchen *Hänsel und Gretel* mit einem kleinen Lebkuchen in jedem Fenster.« Jessika hatte ihm das Geschenk mit einem bedeutungsvollen Blick überreicht. »Ein Knusperhäuschen für dich«, hatte sie gesagt. Er zog sein Handy aus der Tasche, um festzustellen, ob er eine Nachricht von ihr versäumt hatte, doch das Display zeigte nichts an.

»Aber Sir«, grinste Tom. »Heute ist doch schon der 10. Dezember. Da können Sie heute noch zehn Lebkuchen essen, wenn Sie wollen!«

Der Gedanke war erschreckend verlockend. Selbst durch die Pappe hindurch konnte er den Weihnachtsduft der Lebkuchen riechen, der ihn an ihr Parfum erinnerte.

»Kann ich den Honig im Handgepäck mitnehmen, Sir, oder soll ich ihn in den Koffer tun? Der Vater von meinem Austauschschüler ist Imker und hat ihn mir mitgegeben.«

James schloss einen Moment lang entnervt die Augen. »Noch einmal, Jungs, alles, was irgendwie flüssig ist, darf nicht ins Handgepäck. Josh, was hast du da, das kannst du unmöglich durch die Sicherheitskontrolle mitnehmen!«

Josh grinste: »Macht nichts, das war sowieso nur ein Spaß. Probieren Sie mal, Sir, das Getränk ist wirklich disgusting!«

»Nein, nicht disgusting«, rief Adam dazwischen. »Eckelhafft!« Die Jungs hatten eine Menge neuer deutscher Wörter gelernt, auch wenn die meisten davon wahrscheinlich nicht angemessen für den nächsten Deutschtest waren.

»Ja, ich habe es auch probiert«, meinte Henry. »Es ist widderlick.«

»Abschaulick!«, steuerte Josh bei und hielt James die Flasche mit der roten Limo hin.

Jessika lächelte zufrieden, als ihr Handy die sechste eingehende SMS innerhalb einer Stunde meldete. Sie warf einen Blick auf das Display, um sich zu vergewissern, dass auch diese Nachricht von James stammte, dann begann sie methodisch, ihre Tiegel und Dosen mit Gewürzen wieder an ihren Platz zu stellen.

»Du musst sogar im Dunkeln wissen, wo was steht«, hatte ihre Großmutter ihr eingeschärft, die sie mit ihrer Leidenschaft fürs Backen angesteckt hatte. »Erstens sparst du wertvolle Zeit, und zweitens vermeidest du so die Gefahr, versehentlich das falsche Gewürz ins Essen zu kippen.«

Jessika war schon im Teenageralter gewesen, als sie erfahren hatte, wie wichtig Sorgfalt in Omas Küche wirklich war. Paprika statt Zimt in die Muffins zu streuen war zwar geschmacklich keine Offenbarung gewesen, aber immerhin harmlos. Das konnte man nicht von allem sagen, was in den Tiegeln und Döschen zu finden gewesen war.

Es hatte gedauert, bis Jessika die Sache mit James verwunden hatte. Die gemeinsamen Abende und Nächte im Jahr zuvor hatten sich so richtig angefühlt, dass sie sicher gewesen war, das ganz große Los gezogen zu haben. All die geflüsterten Liebesworte – und dann Schweigen. Er hatte nicht einmal die Größe besessen, ihre Anrufe zu beantworten. Oder die Tatsache zu erwähnen, dass er in England eine Ehefrau hatte. Sie nickte grimmig, als ihr Handy sich ein weiteres Mal meldete. Ja, jetzt konnte er plötzlich SMS schreiben. Jetzt war er es, der ihr hinterherlief.

»Im Normalfall brauchst du das alles nicht«, war ihre Großmutter nicht müde geworden zu betonen, als Jessika voller Faszination die Döschen aus dem abschließbaren Regal betrachtet hatte. »Ein gut sortiertes Gewürzregal reicht für die meisten Zwecke völlig aus.«

Weihnachtsgewürze zum Beispiel. Jessika lächelte. Zimt. Nelken. Vanille. Muskat. Wer die Zutaten für Lebkuchen im Haus hatte, hatte auch Aphrodisiaka zur Hand. Sie hatte die Erfahrung gemacht, dass manche Gewürze noch besser wirkten, wenn man sie zu einem Parfum verarbeitete. Und natürlich konnte man Zimt auch dazu benutzen, ungewöhnliche Aromen im Gebäck zu verkleiden.

SMS Nummer acht kam an. Jessika las sie voller Befriedigung. Sie hatte schon Valentinstagskarten erhalten, die weniger Begeisterung für ihre Person ausdrückten. Allzu viele glühende Liebesbezeugungen erwartete sie von James nicht mehr, aber diesmal würde sie für sein Schweigen verantwortlich sein. Es fühlte sich erstaunlich gut an.

Die Jungen standen nervös in der Nähe des Gates herum.

»Wenn er nicht bald rauskommt, versäumen wir noch den Flug«, bemerkte einer.

»Was ist los mit ihm?«, wollte ein anderer wissen. »Ist es dieses Virus, das an der Schule rumgegangen ist?«

»Oder vielleicht hat er was gegessen, das ihm nicht bekommen ist?«

Adam wandte sich besorgt an seinen Freund und fragte so leise, dass niemand anderes ihn hören konnte: »Oder getrunken. Was immer in dieser Flasche drin war, die du ihm gegeben hast, Josh – es wird ihn doch nicht umbringen, oder?«

Josh sah ihn kopfschüttelnd an. »Wofür hältst du mich, Kumpel? Natürlich nicht.« Er legte den Kopf ein wenig schief und schielte auf die Toilettentür, hinter der Mr Cowper eine Viertelstunde zuvor verschwunden war. »Allerdings könnte es sein, dass er sich im Moment wünscht, tot zu sein.«

Adam biss sich auf die Lippen, hin- und hergerissen zwischen Bewunderung und Unbehagen. »Aber ... Was, wenn es ihm wirklich schlecht geht?«

Josh warf seinem Freund einen wütenden Blick zu. »Unsinn. Es ist nur ein einfaches Brechmittel. Hab ich reingetan, nachdem wir alle davon getrunken hatten. Und er hat es verdient. Das wird ihn lehren, sich an irgendwelche Frauen heranzumachen. Das Schwein! Ich meine, der ist verheiratet und alles!«

Adam zog die Brauen hoch. »Das war aber nicht der Grund, oder? Du warst bloß eifersüchtig, weil du selber auf Miss Schmidt heiß bist.«

»Ach, Adam, halt die Klappe!«, grummelte Josh, dann kramte er in seinem Rucksack. »Hier, Mr Cowper hat mir einen von seinen Lebekucken abgegeben. Er sagt, Miss Schmidt hat sie selbst gebacken. Wir können ihn teilen. Er sagt, sie schmecken ganz toll. Aber in den nächsten paar Tagen wird er bestimmt keine mehr essen.« Die beiden Jungen warfen einen höhnischen Blick auf die Toilettentür, die immer noch fest geschlossen war.

Der Duft von frisch gebackenen Lebkuchen erinnerte sie an James. Nicht an den witzigen, charmanten Mann, der mit ihr eine Woche voller Leidenschaft verbracht und sie dann im Stich gelassen hatte, sondern an den, der sie mit fiebrigen Augen angestarrt hatte, voll Lust und Verwirrung. Sie hatte nicht erwartet, dass es mit dem Anfachen des Feuers so gut klappen würde, aber es konnte kein Zweifel daran bestehen, dass sie einen Mann mit dringenden Bedürfnissen zurück nach England zu seiner Frau geschickt hatte. Ihre Großmutter hatte recht gehabt: Eine Frau mit Gewürzregal sollte man nie unterschätzen. Und eine wütende Frau mit Gewürzregal erst recht nicht. Die Lebkuchen im Knusperhäuschen enthielten nicht nur Zimt, Anis und Mandeln, und für jede Wirkung gab es Gewürze mit entgegengesetzter Folge. Jessika schraubte den Deckel des kleinen Döschens, aus dem sie sich bedient hatte, fest zu und versteckte es wieder in dem abschließbaren Küchenfach. Es war nichts, was sie in der nächsten Zeit in der Nähe ihres Essens haben wollte. James sicher auch nicht, aber er würde bestimmt nicht ihre Lebkuchen verantwortlich machen, wenn er voller Glut in die Arme seiner Frau eilen – und dort einige demütigende Erfahrungen machen würde. Wenn sie Glück hatte und er wirklich jeden Tag einen ihrer Lebkuchen aß, würde seine Frau bis nach Weihnachten keinen Spaß an ihm haben.

Als sie den Schlüssel im Schloss hörte, wandte sie sich lächelnd um. Es hatte gedauert, bis sie über James hinweg war, aber als Ben in ihr Leben trat, wurde alles einfacher.

Sie ergriff die Blechdose, die auf dem Küchentisch stand. Im Ofen wartete eine neue Portion Elisenlebkuchen mit einer perfekten Abstimmung stimulierender Gewürze, und sie wusste ganz genau, was sie damit anfangen würde.

Tommie Goerz
Das letzte Bier

Warum nur war er so unkonzentriert? Hatte er an der Tankstelle vorhin bezahlt? Er hatte getankt, ja, aber an das Zahlen selbst, an den Vorgang, konnte er sich nicht mehr erinnern. Er überlegte, suchte nach einem Anhaltspunkt. Ja doch, er war drinnen gewesen in der Tankstelle, der Typ an der Kasse hatte ihn, jetzt fiel es ihm wieder ein, noch so eigenartig angesehen. Also musste er auch bezahlt haben. Sonst wären sie ihm doch längst schon auf den Fersen, zumindest hätte es einen irre lauten Alarm gegeben. An den Autobahntanken kannst du doch heute nicht mehr einfach so fortfahren, ohne bezahlt zu haben. Vermutete er zumindest und hakte das Problem damit ab. Wie alt würde der alte Breunig werden dieses Jahr? 1934 geboren – also vierundachtzig. Im September. Und wann verlangten die vom Rentenamt zum ersten Mal einen Lebendnachweis? Ab dem fünfundneunzigsten Lebensjahr, hatten sie ihm selber gesagt, und von da an jährlich. Bis dahin waren es also noch elf lange Jahre hin, in denen er sich um nichts zu kümmern brauchte. Offiziell war der Alte nach Detmold gezogen in ein Heim, um in der Nähe von Verwandten sein zu können – Verwandte »um drei Ecken herum mütterlicherseits«. Seine alte Wohnung war inzwischen geräumt und bereits neu vermietet, alles war da in bester Ordnung. Niemand hatte je eine Frage gestellt, und niemand würde je eine stellen. Nur die alte Blümel von schräg gegenüber hatte ihn mit ihren blöden Fragen genervt. Würde sie jetzt aber auch nicht mehr. Und noch viel besser: Die war erst achtundsiebzig gewesen, da hatte er jetzt noch siebzehn Jahre Zeit und Ruhe.

Besuch hatte sie nie gehabt, hatte auch öfter über ihre Einsamkeit geklagt. Aber blöde Fragen stellen und Gerüchte in die Welt setzen. Zum Zeitvertreib wahrscheinlich. Die Rente der Alten war nicht so toll wie die vom Breunig, keine zweitausend, nur knapp neunhundert, aber immerhin. Guthaben hatte sie auch keins gehabt, nichts Erspartes wie der Breunig, zumindest hatte er nichts gefunden. Das Geld vom Breunig hatte er längst abgeräumt. Unglaublich, wie einfach das gegangen war. Er hatte nicht einmal einen Ausweis vorlegen müssen. Einfach nur das Sparbuch, das war alles. Aber er hatte ja eine Vollmacht von dem alten Herrn, und die Unterschrift war gut. Den Wisch hatten sie sich auf der Bank kopiert, zur Sicherheit, wie sie gesagt hatten. Auch die Weiterleitung der Rente von Breunigs Konto hatten sie widerspruchslos angenommen und eingeräumt, genauso bei der Blümel. War doch alles gut für mindestens die nächsten zehn Jahre, und wer weiß, was dann sein würde. Also kein Grund für irgendwelche Gedanken. Nur die Karin hatte immer und immer wieder fragen müssen, was er arbeitete und woher er sein Geld hatte. Ging sie doch gar nichts an. Lebte bei ihm, ließ sich von ihm durchfüttern, zahlte keine Miete, seit fünf Jahren schon, auch kein Wasser, keinen Strom, nichts, musste sich um nichts kümmern, aber immer fragen, fragen, fragen. Statt dass sie ihn einfach in Ruhe ließ und es genoss. Konnte sie nicht.

Wie ihm das wieder auf die Nerven gegangen war! Kein Wunder, dass er ausgerastet war. Auch weil sie schon wieder rumgenörgelt hatte, dass er zu viel Bier trinke. Tat er ja gar nicht. Ein entspanntes Seidla am Nachmittag oder zwei, da konnte doch niemand etwas sagen.

Eigentlich war ihm ja bloß die Hand ausgerutscht. Peng. Allerdings hatte er sie auch ganz gut getroffen, so wie sie wankte danach. Er wollte gar nicht daran denken. Das ließ sich doch alles wieder einrenken, oder?

Er sah in den Rückspiegel. Nein, es folgte ihm niemand, zumindest kam von hinten kein Blaulicht. Also muss er bezahlt haben. Nur – warum hatte der Kassierer so komisch geschaut? War irgendetwas mit ihm? Weil er nach Bier roch, vielleicht? Drei hatte er schon getrunken, oder waren es vier gewesen? Er fischte sich ein Pfefferminz aus der Jackentasche. Vielleicht war es das gewesen, wegen der Fahne.

Der Verkehr war ziemlich dicht. Wo wollten die nur alle hin? Rechts die Lkws, die sich auch immer noch gegenseitig überholten, über Kilometer manchmal, und links die Geschosse. Audis, BMWs, SUVs. Tonnenschwere Panzer, die mit hundertsechzig Stundenkilometern und mehr von hinten angebrettert kamen, den Dauerlinksblinker gesetzt. Die dich am liebsten von der Straße schieben, nein: katapultieren würden, wenn du nicht augenblicklich die Spur räumtest. Er zerkaute das Pfefferminz. Schmeckte scheiße. Er hatte Durst.

Wo wollte er eigentlich hin? Er hatte kein Ziel, fuhr einfach nur so. Zum Vergessen. Um zu ... – er schob die Bilder weg. Hier war es ihm eindeutig zu voll, zu viel Verkehr. Bei der nächsten Ausfahrt setzte er den Blinker und verließ die Autobahn. »Trockau« stand dort, irgendwo in Franken.

Ja doch, er hatte bestimmt bezahlt gehabt. An so einer Autobahntankstelle hatte er auch einmal gearbeitet. Als Tankwart. War schon lange her. Jahre. Noch zu D-Mark-Zeiten. Aber war ein guter Job gewesen. Da hatten sie beim Geldverdienen immer ein wenig nachgeholfen, alle damals. Dreihundert bis vierhundert Mark hatten sie neben Lohn und Trinkgeld zusätzlich erwirtschaftet. Täglich. Jeder.

Durch »schleppendes« und »kalkuliertes« Herausgeben, wie sie es nannten. Die Leute waren ja so blöd.

Die Ausfahrt war eng, er musste stark abbremsen. Unten bog er nach rechts. Ja, auch damals waren die Autobahnen schon voll gewesen. Im Sommer. Jeder Tankwart, so war das organisiert, war verantwortlich für eine Insel mit je zwei Säulen, und jeder betankte so im Acht-Stunden-Schichtbetrieb häufig vier Autos gleichzeitig. Zwei links, zwei rechts, also zwei Super, zwei Normal. Und trotzdem stauten sich die Autos oft zurück und bis über die Ausfahrt hinaus auf die Standspur. Entsprechend schnell musste das Betanken gehen, denn diese Rückstaus waren gefährlich. Dafür hatten sie als Tankwarte einen »Galopper«, wie sie es nannten, eine Geldtasche zum Umhängen mit einem Fach für Scheine und vorne mit Zylindern aus Metall, in die man das Kleingeld füllte und per Tastendruck abgezählt unten herauslassen konnte. Busschaffner hatten diese Taschen früher gehabt, von daher waren sie ihm bekannt gewesen. Dieser Job war eine Goldgrube, für alle anderen Tankwartkollegen auch. Wenn man ein paar Kleinigkeiten beachtete. Aber er war nur deshalb eine Goldgrube gewesen, weil es eine Autobahntankstelle war. Denn erstens waren die Leute, die zum Tanken kamen, genervt, obwohl die meisten gerade aus dem Urlaub kamen – genervt vom Verkehr und der Warterei in der Schlange bis zur Zapfsäule –, zweitens hatten sie es anscheinend immer eilig, wollten schnell wieder weiterfahren, also weg und heim, und drittens waren sie, wenn sie dann einmal gefahren waren, weg und kamen nicht wieder. Denn auf der Autobahn geht es nur in eine Richtung. Da wendet man nicht wegen fünf oder zehn Mark und fährt fünfzehn Kilometer zurück.

Warum raste er eigentlich so, hier auf der Landstraße? Er reduzierte das Tempo, schnaufte durch. Karin. Scheiß Streit. Lass mich lieber an die Tankstelle denken und an damals, an den Job, das war gerade so schön, die Erinnerung. Es hatte eine Grundregel gegeben: Von vier Autofahrern, deren Wagen man gleichzeitig betankte, durfte man nur einen »sonderbehandeln«, denn wenn du mit einem Ärger bekommen hättest, weil er etwas gemerkt hatte, wäre der zweite misstrauisch geworden, hätte noch einmal nachgezählt – und gemerkt, dass auch er beschissen worden war. Und dann wärst du dran gewesen. Dann hätte dir niemand geglaubt, dass das nur ein Versehen gewesen war, geschehen im Eifer des Gefechts und vor lauter Stress. Und das war auch noch wichtig: Wenn dich einer »erwischt« hatte oder zurückgekommen ist vom Parkplatz und behauptete, nicht genügend Wechselgeld herausbekommen zu haben, durfte man nie eine Diskussion anfangen. Denn Diskussionen ums Geld wurden immer schnell laut, und nichts machte die anderen Kunden misstrauischer und war schädlicher fürs Geschäft. Also hatte man sich in solch einer Situation freundlich zu entschuldigen, musste beschwichtigen und anstandslos das Geforderte herausgeben. Man musste den Reklamationen immer stattgeben, eiserne Regel.

Puh, das war jetzt aber knapp gewesen mit dem Traktor! Der war aber auch weit über die Mitte gekommen mit seinen dicken Reifen. Es polterte kurz unter den rechten Rädern, als er auswich, er geriet auf das Bankett. Bloß keinen Unfall jetzt, das fehlte noch. Ob Karin – nein, andere Gedanken! Vielleicht kam er irgendwo an einem Wirtshaus vorbei? Er hatte Durst. Bis dahin weiter mit der Tankstelle, das lenkte gut ab. Was hieß das, »schleppend« oder »kalkuliert« herausgeben? Viererlei. Oder fünferlei. Es gab eine ganze Handvoll Möglichkeiten, mehr »Trinkgeld« von den Leuten zu bekommen, als diese je geben wollten – aber es gaben und es noch nicht einmal bemerkten. Und einem oftmals noch, weil man so freundlich war, Extratrinkgeld spendierten. Echtes.

So ging das: Hattest du einen, der für, sagen wir, dreiunddreißig Mark zwanzig tankte – damals bekamst du dafür vierzig Liter! – und mit einem Hunderter zahlte, dann gabst du ihm zunächst eins achtzig auf die fünfunddreißig, aber nicht zu schnell. Dann tatest du so, als wärst du beim Herausgeben schon bei der vierzig, und dann gabst du ihm fünfzig, und immer nur kleine Scheine, also Zwanziger oder Zehner, tatest so, als wärest du schon bei hundert und wartetest kurz ab. Die meisten waren dann schon zufrieden, steckten das Wechselgeld ein und zischten ab. Prinzip beim Herausgeben war: Mache nie »voll«, also gib nie bis zum nächsten Zehner und nie bis zum vollen Endbetrag. Merkte das der Kunde nicht, hattest du auf einen Schlag fünfzehn Mark »verdient« – die fehlenden fünf auf die vierzig und die fehlenden zehn auf die hundert. Bemerkte der Kunde aber etwas oder zögerte zunächst einen Moment und schien nachzurechnen, dann gabst du ihm, wie selbstverständlich und ohne etwas dazu zu sagen, erst einmal die fehlenden fünf. Die meisten waren, weil verwirrt, dann zufrieden, und du hattest immerhin zehn Mark »verdient«. Diese Art des Rausgebens an Autobahntankstellen gibt es heute noch, erst kürzlich hatte er es wieder erlebt. Aber nicht mit mir, hatte er sich gedacht. Hatte der Tankwart vorhin das auch probiert? Nein, dann könnte er sich daran erinnern. Wieder der Blick in den Rückspiegel. Kein Blaulicht hinter ihm.

Die zweite Art war die: Du kanntest als Tankwart die Autos, du wusstest, wo der Tank war, und du wusstest, was die verschiedenen Modelle brauchten. Ob Super oder Normal. Kam nun einer, der Super benötigte, hattest du, noch bevor der Fahrer ausstieg, den Tankdeckel hinten geöffnet – es musste ja im Sinne aller sehr schnell gehen –, die Pistole hineingehalten und dem Fahrer zugerufen: »Normal, gell?« Worauf der natürlich sofort »Nein, stopp! Super! Der braucht doch Super« rief, du den Tankvorgang unterbrachst, dich entschuldigtest, die Pistole wieder zurück in die Säule hängtest und den Tankvorgang mit Super fortführtest. Der Clou dabei: Du hängtest die Pistole nicht wieder richtig ein, sondern nur halb, was den Effekt hatte, dass sich das Zählwerk der Säule bei der Entnahme der Pistole für den nächsten Tankvorgang nicht auf null zurückstellte, sondern ab dem stehen gebliebenen Betrag – den du aber dem Vorgänger schon in Rechnung gestellt hattest – weiterzählte. Diese fünf oder sechs Mark wurden also doppelt kassiert. Dein Gewinn.

Als Tankwart damals warst du auf Autobahntankstellen gesetzlich verpflichtet, Scheiben und Scheinwerfer zu reinigen und nach dem Ölstand zu fragen sowie diesen auf Wunsch auch zu kontrollieren. Reinigtest du die Scheiben – und die Scheiben waren damals übervoll von Insekten –, war dir ein kleines Trinkgeld ohnehin sicher, außerdem das Wohlwollen – und damit das Vertrauen – der Fahrer. Beste Voraussetzungen für das weitere Geschäft. Erstens. Und zweitens: Fragtest du nach dem Öl und wurdest aufgefordert nachzusehen, musstest du den Ölmessstab herausziehen, abwischen, zur Messung wieder hineinstecken, erneut herausziehen und den Ölstand ablesen. Stecktest du den Messstab aber nicht wieder ganz hinein, hatte der Motor bei der Messung unweigerlich zu wenig Öl. Was eigentlich bei jeder Messung so war. Also verkauftest du Öl. Wobei die meisten Fahrer – vor die Wahl gestellt und entsprechend über die Folgen beziehungsweise Risiken des minderwertigen Öls andeutungsweise aufgeklärt – sich für das hochwertigere Öl entschieden ... du ihnen aber das minderwertigste – und damit billigste – einfülltest. Und auch hier wieder kalkuliert, denn die Ölkännchen waren aus Alu, also undurchsichtig, und niemand kontrollierte, ob du tatsächlich einen halben oder einen ganzen Liter eingefüllt und dem Motor verabreicht hattest. Selbstverständlich gabst du dem Motor maximal einen Viertelliter, wenn überhaupt. So konntest du im Lauf eines Tages einen Liter billigsten Öls oft mehrmals für den Preis eines hochwertigen verkaufen – und bekamst auch noch Trinkgeld für deine Freundlichkeit, Zuvorkommenheit, Umsicht und Serviceleistung.

War das gerade ein Wirtshaus gewesen? Er hatte, tief in seinen Gedanken, nicht aufgepasst. Fuhr einfach nur wie automatisch durch Orte, die er nicht kannte. Wo war er überhaupt? Er wusste es nicht. Ja, im Rückspiegel konnte er es erkennen: Es war ein Wirtshaus gewesen. Mit Brauerei sogar. Bei der nächsten Gelegenheit würde er wenden. Der Durst.

Vor allem in den Ferienzeiten, auf ihrer Rückfahrt aus dem Urlaub, verfügten viele der Tankenden noch über Devisen. Lire, Dinare, Schillinge, französische Francs oder Schweizer Franken. Und fragten, ob sie damit bezahlen könnten. Was sie konnten – aber zu Umrechnungskursen, die hausgemacht waren, also extrem tankwartfreundlich. Was aber die wenigsten störte. Obskur wurde es dann, wenn beispielsweise ein Schwede aus dem Italienurlaub kam und mit Lira oder österreichischen Schillingen zu zahlen begehrte. Dann berappte der locker das Doppelte. Und merkte es nicht einmal, weil ihm die Umrechnung über verschiedene Währungen hin viel zu kompliziert und er nur froh war, die wertlosen Scheine los zu sein.

Ein Audi überholte ihn, raste an ihm vorbei, verschwand vor ihm im Wald. Fuhr er denn so langsam? Dort vorne an dem Feldweg am Waldrand würde er wenden, um zurückzufahren zu dem Wirtshaus. Er musste vorsichtig sein, sich konzentrieren. Wenn er auffiel und sie ihn kontrollierten, wäre er seinen Lappen sicher los. Er bog in den Feldweg ein, wendete.

Apropos Lappen: Eherne Regel des kleinkriminellen Tankwartdaseins damals war es auch, zusammengeknüllte Scheine niemals zu öffnen – es konnten ja zwei sein oder sich noch ein anderer, kleinerer, darin verstecken; und: neue Scheine niemals zwischen den Fingern reiben, um zu überprüfen, ob es auch tatsächlich nur einer war. Das musste der Kunde schon selbst. Nicht selten waren es dann zwei, die aneinanderhafteten, in Einzelfällen sogar drei. Viel einfacher konnte man Geld nicht verdienen – so wie bei dem Porschefahrer damals früh um halb sieben, der es mit seiner Potenzpimprakete eilig hatte, zur IAA nach Frankfurt zu kommen. Bei dem druckfrischen Hunderter dieses Dildofahrers verbargen sich dahinter noch zwei weitere. Na ja, dem tat's nicht weh, hatte er sich damals gedacht. So wie dem Rentenamt die Renten vom Breunig und der Blümel nicht wehtaten.

Er bog auf den Parkplatz des Brauereigasthofes ein. Ziemlich viele Autos hier für einen Tag unter der Woche. Gutes Zeichen. Sobald sich das mit Karin wieder eingerenkt hatte, könnten sie wieder schöne Zeiten haben zusammen. Noch so viele Jahre. Beim Breunig hatte er ja schon alles geregelt, und mit der Blümel würde er es ganz ähnlich tun. Musste nur noch ein paar Stücke entsorgen. War überhaupt kein Problem, beim Breunig war das auch alles glattgegangen, merkte kein Mensch was.

»Grüß Gott.« Ziemlich viele Gäste für nachmittags. Bestimmt fünfzehn Männer saßen verteilt über die vier Tische und sahen ihn an. Musterten ihn, als er eintrat. Ein Fremder. Ein paar nickten, er sah sich um. Fühlte sich, als wäre er in eine private Gesellschaft geraten.

»Soll ich mich ins Nebenzimmer setzen?«, fragte er den Wirt, den er, klein, alt und gebückt, erst auf den zweiten Blick hinterm Tresen entdeckt hatte.

»Wie viel seidern?«

»Ich bin allein.«

»No hoggsd di doh mid her«, deutete der Wirt auf den Tisch gleich links, direkt am Tresen.

»Darf ich?«

Die zwei am Tisch nickten.

»A Bier?«

Er nahm an der freien Stirnseite des Tisches Platz, sah sich im Wirtshaus um, bekam sein Bier. Drüben an den zwei Tischen kartelten sie, ab und zu schaute einer herüber, sonst war nichts. Er prostete den beiden an seinem Tisch zu und trank. Die beiden prosteten zurück, tranken ebenfalls. Lange geschah nichts. Das mit Karin würde schon wieder werden.

Der Mann an der Stirnseite ihm gegenüber erinnerte ihn ein wenig an Breunig. Die gleiche Glatze, das gleiche runde Gesicht, nur jünger. War eigentlich sehr kooperativ gewesen, der Alte. War einfach so gegangen plötzlich, während er auf dem Sofa saß. Danach war er ja erst auf die Idee gekommen. Der hier streckte gerade sein Bein aus und verzog sein Gesicht. Stöhnte leicht. Demonstrativ. Meinte ihn. Sah ihn an, offene Aufforderung zu einem Gespräch. Jetzt musste er etwas sagen.

»Schmerzen?«

»Das kann man sagen, ja.« In seinen Wanderstiefeln bewegte er leicht den Fuß, stöhnte erneut.

»Verstaucht?« Was stellte er für eine blöde Frage. Warum stellte er überhaupt eine Frage, er wollte doch nur sein Bier, hatte Durst. Wollte überhaupt kein Gespräch.

»Nein, nein, ich habe nur eine Entzündung.«

»An der Ferse?« Ich bin ein Depp, dachte er sich, jetzt bin ich schon mitten in einem Gespräch. Anstatt einfach mal meine Klappe zu halten.

»Nein, an den Zehen.« Der Mann bewegte sie im Schuh. »Eher so hinter den Zehen.«

»Schon mal beim Arzt gewesen deshalb?« Vielleicht hatte der Mann ja Fußpilz, vielleicht Zucker, vielleicht sonstwas. Aber was ging ihn das an? Warum kann ich es nicht einfach lassen, tadelte er sich innerlich, fast ungehalten. Aber es gelingt mir nicht. Dafür gelang es jetzt dem anderen, denn der sagte eine ganze Weile nichts. Saß nur da mit seiner Breunig-Glatze und seinen hundert Indianer-, Freundschafts- oder Sonstwasbändern am kräftigen Handgelenk, streckte seinen Fuß aus, wischte sich mit der Hand kreisförmig über die Glatze und kratzte dann darauf herum, als ob sie schrundig wäre.

Er sah den zwei Tischen gegenüber beim Karteln zu, lenkte sich ab. Karin, da war sie wieder. Sie hatte getorkelt und war dann hingefallen. Er trank. Und nahm noch einen Schluck. Nicht an sie denken, denk an das Bier!

Das Getränk war frisch, dunkel-kupferfarben im Glaskrug, hopfenbitter bis an die Endränder der Zunge. Es fuhr einem in den Körper wie eine Infusion. Erfrischte und betörte, es gelüstete einem unweigerlich nach mehr. Erst sehr spät, nachdem man längst geschluckt hatte, drang von der

Zungenmitte über den Gaumen, erst mild, dann immer intensiver, der Malzgeschmack durch. Was für eine herrliche Komposition. Schon war der Krug leer. Bauchiger Glaskrug, alte Form, so wie man sie nur noch in den alten Brauereigasthöfen fand. Beim *Dreßel* in Stappenbach zum Beispiel oder eben hier beim *Gradl* in Leups, so stand es auf dem Glaskrug. Eine in sich rundum harmonische Form, die längst nicht mehr hergestellt wurde. Weil es zu teuer war. Drei Arbeitsgänge bräuchte man für so einen Krug, hatte der Biersommelier Hofmann aus Pahres auf einer Veranstaltung einmal erzählt. Der hätte sich gern Glaskrüge dieser Form angeschafft für sein Bier, sein Hofmann hell, weil es die stilvollsten waren unter der Sonne. Hatte sich dann aber für eine modernere Form entschieden – entscheiden müssen –, für die man bei der Herstellung nur zwei Arbeitsgänge brauchte. Was günstiger war. Bauchiges Glas, außen zehnkant, innen rund, und hoch genug für viel Schaum. Er stellte seinen Glaskrug neben sich auf den Tresen, unter dem der Wirt gebückt stand und hantierte.

»Nu ahns?«

»Ja, noch eins.«

Warum tue ich das, schalt er sich innerlich, ich sollte kein weiteres trinken. Egal, Durst schlägt Vernunft, so ist das nun mal. Also trinke ich noch eins. Außerdem tut es mir gut. An den Tischen drüben wurde weiter gekartelt.

»Mid der Aldn.«

»Die wird gschbaldn.«

»Nah, niggs mid der Aldn, doh schbillmer ka Ruhf. Ihch schbill an Wenz.«

»Wenz – du?«

»Nah, kann Du, an gans normoln Wenz.«

»Wer kummd raus?«

»Massdns, wer frohchd.«

»Wenz, hossd gsachd? Also Assn ohder lassn.« Die Sprüche waren überall die gleichen. Die Karten knallten auf den Tisch. Anfang Januar, Montagnachmittag gegen drei in dem kleinen Ort Leups kurz hinter Pegnitz. Acht Männer an zwei Tischen spielten Schafkopf, hatten am helllichten Nachmittag Zeit und jeder ein Bier vor sich, je nachdem das zweite, dritte oder vierte, die Striche auf dem Bierfilz zeigten es an. Herrlich braun stand das Getränk in den Gläsern. Sein zweites Bier kam, und es tat ihm gut.

»Und eds hoddern vergeichd. Du bisder ja vielleichd a Debb. Wieso schdichsdn ah auf di Griehna nei? Lass doch lahfm und schmeis dei Schelln wech. Ner wärsd dei Fehl losgawehn. Undin Under häddsd ahnu göhobd.« Das Oberfränkische klang schon ein wenig anders.

»Na ja, ihch hobb hald gemahnd, dass ... ja, wohra Scheiß, ihch hob hald ned aufgerbossd. Ner dsohlin hald, is doch woschd.«

»Aber so hodderdi gerscheid nausgagschberrd, der Schosch mid seiner lang'n Ahchl. Ohne Under kummsd doh nemmer nei.«

»Hosd ja rehchd. Wos griechdern?«

»Zammgaschmissn dobbld, zwahmoll galehchd, drai Bauern und verluhrn. Zwansich, fümferdreißich, sibzich, ahnsverdsich, zwahachdsich. Für an jehnd. Na ja, es driffd ja kann Arm'n.« Die Männer lachten, Kleingeld wechselte die Seiten und klapperte in den kleinen Plastikschüsseln, den Schüsserli, dann wurde neu gemischt, abgehoben, ausgeteilt, und weiter ging es, auf ein Neues. Stundenlang hätte er zusehen können. Es tat ihm gut.

»Weißt du, ich habe mir das einmal ausgerechnet.« Wieder der vom anderen Ende des Tisches mit der Breunig-Glatze und den breiten Schultern. Auch wie der sprach erinnerte ihn an Breunig. So leicht gedehnt. Der dazwischen an der Längsseite mit seinem schwarzen Toupet, das auf seinem Kopf saß wie eine verrutschte Bademütze, hatte überhaupt noch nichts gesagt. Keinen Ton. Der ist nicht so dumm wie ich, dachte er, der hält sein Maul. Und duzen tut mich die Breunig-Glatze jetzt auch schon, dabei kennen wir uns gar nicht. Ich war noch nie hier und sitze auch erst mit dem zweiten Bier am Tisch. »Ich bin in meinem Leben schon dreimal um die ganze Welt gelaufen. Ganz außen herum.« Und dazu zeichnet er waagerecht einen Kreis in die Luft. Dreimal um die Welt? Der Breunig ging keinen Schritt mehr. Vier Teile hatte er aus jedem Bein gemacht.

»Ja, auf seine Füße muss man aufpassen.« Jetzt sagte das Toupet doch etwas. »Denn man hat bloß zwei, und ohne kannst du nicht gehen.«

Glatze achtete nicht darauf. »Wennst jeden Tag zehn Kilometer gehst, und die gehst du schon, so auf Arbeit und so, und ich sowieso«, und dazu zeigte er wie zum Beweis auf seinen Rucksack neben sich, als ob der etwas aussagte, »wo ich schon überall war auf der Welt! Jetzt bin ich schon fast fümferfuchzig, und wennst jeden Tag zehn Kilometer gehst, kommst mindestens auf drei Mal um die Welt.« Er griff sein Glas, prostete ihm und dem Toupet zu und nahm einen Schluck. Das Toupet trank mit, aber konnte nicht mitprosten, sein Bier war schon wieder leer und das neue noch nicht fertig gezapft, der altkrumme Wirt hantierte noch. Soll ich der Glatze die Geschichte von meinen zwei Freunden erzählen, überlegte er, die von Franz' Fußpilz und von Franz' Arzt, Dr. Schmidt? Zehn Jahre lang war der Franz wegen seines Pilzes zum Dr. Schmidt gegangen. Dass er ihn wegmacht. Aber er hat es nicht geschafft. Zäh, so ein

Pilz. Und dann ist der Franz Motorrad gefahren drunten bei Pottenstein, da kam ein Bauer aus einer Seitenstraße, hat ihm die Vorfahrt genommen mit seinem Bulldog, und zack, war der Fuß ab. Und das Moped kaputt. Jetzt hat der Franz eine Prothese und gleich zweimal Glück: Er kriegt eine Rente, lebenslang und nicht knapp – und hat keinen Fußpilz mehr. Könnte ja irgendwie passen, die Geschichte, zu dem entzündeten Fuß und den Erdumrundungen, aber ich halt lieber mein Maul, dachte er sich. Aber bei dem »zack, Fuß ab« musste er an die Blümel denken. Weil das bei der so schlecht gegangen war. Ewig hatte er da rummachen müssen und drehen und biegen, bis der endlich ab war. Passte ja sonst nicht ins Kühlfach. Die Blümel war auch nicht von selbst gegangen wie der Breunig, die hatte sich ganz schön gewehrt. Nein, besser nicht daran denken, aber von der musste er noch die letzten Trümmer entsorgen. Gut, dass gerade der tief altersgebeugte Wirt, niedriger als der Tresen, hinter diesem hervorkam und ihm sein Bier brachte. Er stellte es wie blind vor ihn hin, denn so hoch bekam er seinen Kopf längst nicht mehr. Machte einen Strich auf den Filz. Er trank sofort, saugte das Bier auf wie ein Schwamm. Wie gut das tat. Wie groß sein Durst doch war, wie vertrocknet seine Kehle.

»Ach, mach mir auch noch eins, bitte«, bestellte der Breunig-Glatzige und reichte sein Glas hinüber. »Ist dann das Fünfte, mehr darf ich nicht, ich muss ja noch fahren.«

»Herzlich lachd di Dande«, kündigte drüben einer ein neues Spiel an, dann krachten wieder die Fäuste mit den Karten.

Die zwei am vierten Tisch drüben riefen »Zahln!«. Mühsam schlurfte der Wirt erst mit dem Bier zur Glatze, dann hinüber zu den zweien.

»Wos hobdern gehabd?«

»Ihch vier und die Wöschd, und dann der«, und dazu deutete er mit dem Daumen auf seinen Nebenmann. Keine einzige Frau hier im Wirtshaus. Und nur ein paar Teile noch, dann wäre auch die Frau Blümel nicht mehr da.

Der Wirt, obwohl er sicher schon tausendmal den Preis für vier Bier verlangt und kassiert hatte, notierte in aller Ruhe Zahl für Zahl auf seinen Block und rechnete zusammen. Sechs an, eins gemerkt. Nach einer gewissen Zeit hatte er das Ergebnis. »Neunzeahsechzich.«

»Bassd so.« Der Gast schob einen Zwanzger hinüber. Der Wirt wollte wieder gehen.

»Hald, ned so schnell, edds komm erschd nu ihch.«

Der Wirt sah ihn an, bekam vor Krummheit den Kopf nicht hoch, hielt ihn schief. »Ach, du bisd ned mihd dabei? Deins hobbi edds mit neigarechnd.«

Der andere lachte. »Nah, ihch zohl eggsdra, bei mir werd des wos gressers.«

»Also zohld ihr sebberad?«

Die beiden nickten. »Scho.«

»Ihch hob germahnd, ihr zohld zamm. No mussis nummol rechner.« Der Wirt setzte auf den kleinen Zettel bedachtsam eine zweite Zahlenreihe neben die erste, langsam, Ziffer für Ziffer, rechnete zusammen. Zwei an, fünf gemerkt. »No senns blos fuchzeahzwansich. Wos grichsdn dann vo mir?«

»Gib mer zwaa widder, des bassd dann scho so.«

Der Wirt kramte zwei Euro aus seiner dick mit Scheinen und gefühlt einem Kilo Kleingeld gefüllten Geldtasche, legte sie mit rachitisch verkrümmten Fingern auf den Tisch. »Und eds du.«

»Ahns und ahn Schnidd.«

Die dritte Reihe auf dem kleinen Zettel.

»Die Wöschd.« Der Wirt schrieb, schaute auf.

»Dann kummd nu derzu: zwah Käsdn. Die nemmi dann mihd.«

»Leerguhd derbai?«

»Draußen im Auto, ja.« Der Wirt schrieb. Da ging die Tür auf, und ein neuer Gast kam herein. Klopfte reihum auf die Tische. »Servus.«

»Servus.« »Servus.« »Servus.« Man war sich bekannt. »Demnächst kahner foddfoarn«, warnte der Neue laut, und an alle gerichtet: »Di Bolizei is aufm Hof.« Er wusste, dass die meisten zu viel getrunken hatten.

»A zwanzger Fässla nimmi nu mihd«, machte der drüben seine Rechnung noch fertig. Der Wirt schrieb.

»Und nu a zehner Fässla.«

»Ahnu?« Der Wirt schrieb. Rechnete, als hätte er noch nie gerechnet. Die Zeit sickerte konzentriert durch den Raum, drüben wurden die Karten geklopft. Der Neue hatte sich an einen der Kartlertische gesetzt.

»Solo.« Am Tisch gegenüber ging es weiter. Kurzer Vierer, sechs Karten für jeden.

»Solo? Wofferahns?«

»Grün wie mei Hoahr.«

Irgendwann war der Wirt fertig. »Hunnerd Euro und zwansich Zend.« Das Geld wechselte seinen Besitzer.

Er rechnete im Kopf, lenkte sich ab: Zwei Kästen sind zwanzig, die Fässer sind dreißig Liter, dazu ein Seidla und ein Schnitt. Das sind einundfünfzigeinhalb Liter – für nur einhundert Euro, die drei Bratwürste mit Kraut noch gar nicht dabei. Unglaublich. Das Bier – dieses Bier! – müsste das Doppelte kosten. Und ist das Dreifache wert, eigentlich. Aber so ist das im Fränkischen. Man geht nicht aufs

Maximum, man kalkuliert so, dass es passt. Mehr muss nicht. »Kummderüber mibm Wohng?«

»Mir schdenner scho hindn.«

»Gehd schoweil vor, ihch kumm glei.« Der Wirt machte ihm noch sein Bier, das vierte, dem neuen Gast auch eins, dann schlurfte er langsam hinaus, den beiden anderen hinterher.

Glatze neben ihm hatte seit Längerem nichts mehr gesagt. Ob er kapiert hatte, dass er keine Lust hatte auf Konversation? Dass er nur in Ruhe sein Bier trinken wollte?

»Wem gehört der Hofer Golf draußen? F 26?« Zwei Polizisten standen plötzlich im Raum.

Er sah auf. »Des is meiner.« Es hatte keinen Sinn, das zu verleugnen.

»Wo waren Sie heute Mittag, so vor zwei, drei Stunden?«

»Daheim.«

»Hatten Sie Streit mit Ihrer Frau?«

»Mit Karin?«

»Ja, Karin Deubner.«

»Die is ned mei Frau.«

»Das ist mir egal. Hatten Sie Streit?«

»Ja.«

»Und haben Sie sie geschlagen?«

Warum hatte sie auch wieder so penetrant danach fragen müssen, woher sein Geld kam. Warum konnte sie die Sachen nicht einfach sein lassen, wie sie waren? Warum wollte sie immer alles wissen? Breunig-Glatze sah ihn eigenartig an. Als ob ihn der Breunig selbst ansah. Diese Augen! Ein eigenartiges Gefühl stieg in ihm hoch.

»Ja, ich hab ihr eine geschmiert, warum?«

»Der Nachbar hat uns geholt, sie hatte um Hilfe gerufen.«

»Ja, und?« Karin wird doch keinen Blödsinn gemacht haben?

»Frau Karin Deubner ist tot. Gewalteinwirkung. Wir müssen Sie bitten, mitzukommen.«

Er nahm sein Bier, setzte es an und trank es in einem Zug leer. Wischte sich den Mund ab, sah sich um. Manchmal müsste man einfach so gehen können wie der alte Breunig damals, dachte er sich. Geht aber nicht, hat man nicht in der Hand.

Oder doch?

Er sprang auf, stieß den einen Polizisten zur Seite, stürmte zur Tür. Der Gestoßene, überrascht, torkelte, stürzte auf einen der Tische, riss Gläser mit, fiel in die Scherben. Krachend schlug hinter dem Flüchtenden die Tür ins Schloss.

»Stehen bleiben!« Der zweite Polizist stürmte hinter. Erneut schlug die Tür. Poltern auf dem Gang, dann das dumpfe Geräusch eines Schlages. Das eines zweiten. Flüchtende Schritte.

»Stehen bleiben!« Eher gepresst als gerufen.

Dann krachte ein Schuss ...

Ewald Arenz wurde für sein literarisches Werk u. a. mit dem Bayerischen Staatsförderpreis ausgezeichnet. Im ars vivendi verlag erschienen bisher seine erfolgreichen Romane *Der Teezauberer* (2002), *Die Erfindung des Gustav Lichtenberg* (2004), *Der Duft von Schokolade* (2007), *Ehrlich & Söhne* (2009), der historische Kriminalroman *Das Diamantenmädchen* (2011), *Don Fernando erbt Amerika* (Neuausgabe 2011), *Ein Lied über der Stadt* (2013), *Herr Müller, die verrückte Katze und Gott* (2016) sowie mehrere Bände mit humorvollen Kurzgeschichten. www.ewald-arenz.com

Helwig Arenz studierte Schauspiel an der Anton-Bruckner-Universität in Linz. Seit 2013 arbeitet er als freier Autor und Schauspieler in Nürnberg. 2014 erschien sein erster Roman *Der böse Nik* im ars vivendi verlag, mit dem er für den Debütpreis des Buddenbrookhauses nominiert wurde. 2016 folgte der Roman *Nachts die Schatten*.

Sigrun Arenz studierte Germanistik, Theologie und Anglistik in Erlangen sowie an der Universität St. Andrews in Schottland. Sie lebt in Fürth und arbeitet als Gymnasiallehrerin, freie Mitarbeiterin für unterschiedliche Tageszeitungen und als Autorin. Bei *ars vivendi* erschienen ihre Kriminalromane *Das ist mein Blut* (2008), *Kühl bis ans Herz* (2009) und *Nicht vom Brot allein* (2012). 2014 wurde sie mit dem Kulturförderpreis der Stadt Fürth für Literatur ausgezeichnet.

Veit Bronnenmeyer absolvierte eine Ausbildung zum Schreiner und studierte Soziale Arbeit in Bamberg. Derzeit ist er als Projektmanager im Schul- und Bildungsreferat der Stadt Fürth tätig und schreibt regelmäßig für die *Fürther Freiheit*, eine literarische Rubrik der *Fürther Nachrichten*.

2009 erhielt er den Agatha-Christie-Krimipreis. Bei ars vivendi erschienen seine Kriminalromane *Russische Seelen* (2005), *Zerfall* (2007), *Stadtgrenze* (2009), *Gesünder sterben* (2012) und *Tod, Steine, Scherben* (2016). www.veit-bronnenmeyer.de

Bernd Flessner studierte Germanistik, Theaterwissenschaft und Geschichte in Erlangen, Promotion 1991. Der Autor und Zukunftsforscher unterrichtet am Zentralinstitut für Wissenschaftsreflexion und Schlüsselqualifikationen der FAU Erlangen-Nürnberg. Er schreibt u. a. für die *Neue Zürcher Zeitung, Nürnberger Nachrichten, mare, Kultur & Technik* und den *BR.* Als Autor wurde er 2007 mit dem Utopia-Preis (Aktion Mensch) und 2011 mit dem International Corporate Media Award ausgezeichnet. Bei ars vivendi erschien 2017 sein Krimi *Frankengold.* www.bernd-flessner.de

Theobald Fuchs studierte Germanistik, Mathematik und Physik und promovierte 1998 in Erlangen. Er ist Mitglied der Deutschen Physikalischen Gesellschaft und Mitgestalter der Veranstaltungsreihe *Radio Bernstein* in der Galerie Bernsteinzimmer. Seit 1997 schreibt Fuchs Glossen für die Satirezeitschrift *Salbader.* Später begann er, im Magazin *Titanic* lustige Miniaturen zu veröffentlichen und Beiträge für die Kolumne *Fürther Freiheit* in den *Fürther Nachrichten* zu erdichten. 2014 gewann er den Jurypreis des Fränkischen Krimipreises. 2016 erschien sein erster Kriminalroman *Niemand ruht ewig* bei ars vivendi, 2017 folgte *Altstädter Friedhof in Erlangen, 14. Mai, 10 Uhr 30, meine 35. Beerdigung, die zahlreichen Nachkommen streiten sich am Grab um den Fernsehsessel des 73-Jährigen.*

Tommie Goerz (Dr. Marius Kliesch) hat Soziologie, Philosophie und Politische Wissenschaften studiert, wohnt in Erlangen, ist verheiratet und hat zwei erwachsene Kinder. Nach einem Forschungsprojekt und 20 Jahren bei einem der größten Agenturnetzwerke der Welt war er Dozent für Text und Konzeption an der Georg-Simon-Ohm-Hochschule Nürnberg und der Faber-Castell-Akademie in Stein, danach unterstützte er die hl-studios Tennenlohe. Heute ist er Privatier. Er gewann u. a. den Bronzenen Löwen in Cannes (2007). Bei ars vivendi erschienen seine Kriminalromane *Schafkopf* (2010), *Dunkles* und *Leergut* (beide 2011) sowie *Auszeit* (2012), *Einkehr* (2014), *Schlachttag* (2016) und *Nachtfahrt* (2018) um den Nürnberger Kommissar Friedo Behütuns, 2017 die Biergeschichtensammlung *Auf dem Keller*. www.tommie-goerz.de

Thomas Kastura lebt mit seiner Frau und seinen beiden Töchtern in Bamberg, studierte Germanistik und Geschichte und arbeitet als Autor für den *Bayerischen Rundfunk*. Seit 1998 veröffentlichte er zahlreiche Erzählungen, Jugendbücher und Kriminalromane. Er ist außerdem Herausgeber der Krimianthologien *Tatort Garten* und *To die, or not to die*. 2012 erschien bei ars vivendi der Sammelband *Drei Morde zu wenig* mit seinen Brandeisen & Küps-Geschichten, 2015 folgte *Fünf Leichen zu viel*, 2017 *Sieben Tote sind nicht genug*. www.thomaskastura.de

Dirk Kruse absolvierte in Hamburg eine Krankenpflegeausbildung und studierte in Erlangen Politikwissenschaft, Germanistik und Theaterwissenschaft. Er arbeitet hauptberuflich als Literatur- und Musikkritiker, Chef vom Dienst und BR-Klassik-Moderator für den *Bayerischen Rundfunk*

in Nürnberg. Außerdem ist er als Rezitator und freier Moderator sowie als Dozent für Literaturgeschichte und Literaturkritik an der Hochschule Ansbach tätig. Bei ars vivendi erschien 2008 sein Kriminalroman *Tod im Augustinerhof*, 2009 folgte *Requiem*, 2012 *Tod im Botanischen Garten*. Kruse wirkte zudem bei zahlreichen im ars vivendi verlag erschienenen Krimianthologien mit. www.dirkkruse.com

Petra Nacke studierte Theater- und Literaturwissenschaft in Erlangen und München. In München absolvierte sie eine Ausbildung in Schauspiel, Gesang und Tanz. Heute lebt sie als freie Autorin, Sprecherin und Hörspielproduzentin in Nürnberg. Seit 1997 ist sie feste freie Mitarbeiterin des *Bayerischen Rundfunks*. Gemeinsam mit Elmar Tannert veröffentlichte sie bei *ars vivendi* 2008 *Rache, Engel!*, 2010 *Blaulicht* sowie 2012 *Der Mittagsmörder*. Sie ist Autorin zahlreicher Kurzgeschichten. 2013 erschien die von ihr herausgegebene Anthologie *Leiche sucht Autor*. www.petra-nacke.de

Susanne Reiche hat eine erwachsene Tochter und wohnt mit ihrem Lebensgefährten, Hund Jasper und drei Katzen im Nürnberger Stadtteil Wetzendorf. Nach Abitur und Gärtnerlehre studierte sie in Erlangen Biologie und war vierzehn Jahre lang beim Nürnberger Umweltamt im Bereich Umweltplanung tätig. 2014 gewann sie mit ihrer Geschichte *Der Tod des Baulöwen* den Publikumspreis des Fränkischen Krimipreises, 2016 erschien ihr erster Frankenkrimi *Fränkisches Chili*, 2017 folgte *Fränkisches Sushi*. www.susanne-reiche.de